KI-Unternehmer/in werden in 14 Tagen

Prof. Dr. Thorsten S. Richter

KI-Unternehmer/in werden in 14 Tagen

Schritt-für-Schritt-Anleitung zur smarten Lösung unternehmerischer Herausforderungen mit KI für Unternehmer/innen, Geschäftsführer/innen und Entscheidungsträger/innen

Prof. Dr. iur. Thorsten S. Richter

IMPRESSUM

Praxisinstitut für Wirtschaft, Recht und KI
Lumumbastraße 10, D-04105 Leipzig
www.richterschema.com

Trotz sorgfältigem Lektorat können sich Fehler einschleichen. Autor und Verlag sind deshalb dankbar für diesbezügliche Hinweise.

Aus Gründen der besseren Lesbarkeit wird auf die gleichzeitige Verwendung der Sprachformen männlich, weiblich und divers (m/w/d) verzichtet. Sämtliche Personenbezeichnungen gelten gleichermaßen für alle Geschlechter.

Lektorat & Redaktion: Karen Christine Angermayer | www.angermayer-sorriso.com
Korrektorat: Bianca Weirauch | www.lektorat-weirauch.de
Satz & Layout: Hartmut Paschke
Coverdesign: Jasmin Raif | www.sprudelkoepfe.com

Druck: Druckerei und Druckort siehe letzte Seite.

Consulting & Projektmanagement:
»Mr. Bestseller« Hartmut Paschke | www.hartmutpaschke.com

Bildnachweise:
Coverfoto: Ron Kuhwede, Leipzig | www.kuhwede.com
Umschlagmotiv: iStockphoto ©berya113
Weitere Bilder: erstellt mit ChatGPT | www.chatgpt.com

ISBN Hardcover: 978-3-911678-06-3
ISBN Paperback: 978-3-911678-07-0
ISBN eBook: 978-3-911678-08-7

Bibliografische Information der Deutschen Nationalbibliothek:

Die Deutsche Nationalbibliothek verzeichnet diese Publikation in der Deutschen Nationalbibliografie; detaillierte bibliografische Daten sind im Internet über http://dnb.d-nb.de abrufbar.

Die Druckausgaben werden kombiniert sowohl als Auflagendruck als auch im Print-on-Demand-Verfahren hergestellt. Damit vermeiden wir unnötigen Papierverbrauch, Lieferstrecken und Lagerkosten. Gleichzeitig sichern wir die Aktualität und dauerhafte Verfügbarkeit des Buches.

Lieferbar weltweit über Amazon, im D-A-CH-Raum und Norditalien auch über Zeitfracht Medien: www.zeitfracht-medien.de

Die E-Book-Version ist weltweit lieferbar über Amazon Kindle (Geräte & Apps), die tolino-Allianz und zahlreiche weitere Distributoren.

29. April 2025

Inhaltsverzeichnis

Vorwort

KI-Arbeitsplatz der Zukunft – „Unternehmertum & KI ... Chancen ohne Grenzen"

Erfolge nach dem Lesen dieses Vorworts für Unternehmer[1]

- Die **Bedeutung** und den Nutzen von KI für den unternehmerischen Erfolg **erkannt.**
- **Bereitschaft entwickelt**, traditionelle Geschäftsmodelle durch KI-gestützte Strategien zu optimieren.
- **Erste Schritte** zur Integration von KI in den Unternehmensalltag **verstanden**, zum Beispiel durch Automatisierung von Routineaufgaben, datenbasierte Entscheidungsfindung und smarte Prozesssteuerung.
- **Motivation gewonnen**, sich kontinuierlich weiterzubilden und KI-Tools effizient in die eigene Unternehmensstrategie einzubauen.

Ein erster Blick in die Zukunft

In einem ersten Kapitel sollte man immer erklären,

- **warum** dieses Buch **wichtig** ist,
- **was** den Autor **bewegt** hat,
- **was** es dem Leser **bringt** und
- **wie** es echten **Mehrwert** schafft, stimmt's?

Lassen Sie uns mit einem Blick in die Zukunft beginnen, bevor ich Ihnen erzähle, was mich dazu bewogen hat, dieses

1 ***Genderhinweis:*** *Auch wenn ich in meinen Ausführungen die männliche Form verwende, beziehe ich mich damit auf alle Geschlechter und betone die Gleichwertigkeit aller Menschen unabhängig von ihrer Geschlechtsidentität.*

Buch zu schreiben. Stellen Sie sich ein Unternehmen vor, das mit Leichtigkeit datenbasierte Entscheidungen trifft, repetitive Aufgaben automatisiert und durch KI völlig neue Marktchancen erschließt.

Genau darum geht es hier: ***Wie können Sie als Unternehmer Künstliche Intelligenz nutzen, um Ihr Unternehmen effizienter, innovativer und zukunftssicher zu machen?***

Dieses Buch zeigt Ihnen den Weg dorthin – praxisnah, umsetzbar und auf die realen Herausforderungen unternehmerischer Entscheidungen abgestellt.

Einstiegsfall: Arbeitsplatz der Zukunft – Unternehmen mit Weitsicht

Die Wirtschaft, unendliche Möglichkeiten. Wir schreiben das Jahr 202X.

Dies sind die Abenteuer von Geschäftsführer **Laura Hoffmann** und **Markus Schmidt der Hoffmann & Schmidt GmbH**, 2 Unternehmer, die erkannt haben, dass Künstliche Intelligenz weit mehr ist als nur ein technologischer Trend – sie ist der Schlüssel zu einer effizienteren, innovativeren und nachhaltig erfolgreichen Unternehmensführung.

Die beiden haben verstanden, dass KI mit den Strategien, Prompts und Tools aus diesem Buch genau das Potenzial entfaltet, das sie für ihr Unternehmen brauchen: **mehr Effizienz, bessere Entscheidungen und neue Chancen für Wachstum.**

Die beiden Unternehmer haben ein **Pilotprojekt** ins Leben gerufen, das sie als **„BizVision"** bezeichnet haben – und genau das Gleiche ist auch für Sie in Ihrem Unternehmen möglich!

Ihre Ziele:

- **Geschäftsprozesse** intelligenter und effizienter gestalten.

- **Marktchancen** frühzeitig erkennen und schneller agieren.
- **Wettbewerbsvorteile** sichern, indem KI repetitive Aufgaben übernimmt.

Mit **„BizVision“** haben Laura und Markus ihr **Unternehmen auf ein neues Level** gehoben:

- **KI-gestützte Analysen**, die **versteckte Potenziale sichtbar** machen.
- **Automatisierte Entscheidungsgrundlagen**, um schneller und smarter zu handeln.
- **Digitale Assistenten**, die Routineaufgaben übernehmen, damit sie sich auf das Wesentliche konzentrieren können.

Erleben Sie hier ihre Geschichte …

- Wie sie mit KI-gestützter **Personalplanung** die richtigen Talente für ihr Unternehmen finden.
- Wie sie durch datenbasierte **Marktanalysen** neue Wachstumschancen erschließen.
- Wie sie mit automatisierter **Dokumentenerstellung** Zeit und Kosten in der Verwaltung einsparen.

Lernen Sie von ihren Erfahrungen …

- Wie KI **administrative Tätigkeiten** übernimmt, damit Sie sich auf Innovation und Strategie konzentrieren können.
- Wie Digitalisierung **selbst in traditionellen Geschäftsmodellen** den entscheidenden Wettbewerbsvorteil bringt.
- Wie smarte Tools Ihre Prozesse vereinfachen und den Unternehmensalltag produktiver machen.

KI in internen Unternehmensprozessen

Neben der Optimierung von Geschäftsstrategien hat KI auch die internen Abläufe revolutioniert:

- **Automatisierte Reportings:** Geschäftsberichte, Analysen und Finanzübersichten werden mit KI in Sekunden erstellt.
- **Effiziente Terminplanung:** KI-gestützte Systeme koordinieren Meetings und optimieren Zeitfenster.
- **Intelligentes Wissensmanagement:** Wichtige Informationen stehen immer zur richtigen Zeit am richtigen Ort bereit.
- **Optimierte Kommunikation:** KI analysiert interne Prozesse und gibt Empfehlungen für effizientere Workflows.
- **Bessere Personalplanung:** Die optimale Verteilung von Aufgaben, basierend auf Kompetenzen und Verfügbarkeiten.
- **Automatisierte Finanz- und Fördermittelverwaltung:** KI hilft, Budgets effizienter zu verwalten und Fristen im Blick zu behalten.

Nun schreiben Sie Ihre eigene Erfolgsstory mit KI!

Definieren Sie Ihre neue Rolle!

Mit **„BizVision“** gestalten Sie die Zukunft Ihres Unternehmens –

- für Ihr **Geschäft**,
- für Ihre **Branche**,
- für **sich selbst**.

Nutzen Sie die Chancen, die KI Ihnen bietet, und

- **heben** Sie Ihr Unternehmen auf die nächste Stufe!

Oder ...

- halten Sie an **alten Methoden** fest und **verlieren** weiterhin wertvolle Zeit und Energie.

Die neue KI-Arbeitsweise schenkt Ihnen beides zurück: Zeit und Energie!

Die ersten 10 Fragen zu Unternehmen und KI!

Lassen Sie uns in einem **Dialog** – genauso, wie es eine KI mit Ihnen tun würde – die ersten 10 Fragen klären, die bei der Integration von KI in Unternehmen aufkommen können:

Dialog am Anfang:

1. Wie könnte ein typischer Arbeitstag eines Unternehmers in wenigen Jahren aussehen?

Stellen Sie sich vor: Routineaufgaben wie Buchhaltung, Personalplanung oder Marktanalysen werden automatisiert, während Sie sich voll auf Strategie, Wachstum und Innovation konzentrieren können.

2. Kann KI wirklich bei der Lösung von geschäftlichen Herausforderungen helfen?

Absolut! Von der Optimierung interner Prozesse über datenbasierte Entscheidungen bis hin zur Kundenanalyse – KI unterstützt punktgenau und spart wertvolle Zeit.

3. Müssen Unternehmer jetzt ihre Rolle komplett neu bestimmen?

Ganz im Gegenteil! KI ist ein Werkzeug, das Ihnen den Rücken freihält, damit Sie sich auf das Wesentliche konzentrieren: Führung, Innovation und unternehmerische Visionen.

4. Warum Schritt für Schritt vorgehen?

Der Einstieg in KI ist wie die Einführung eines neuen Produktionsverfahrens oder einer digitalen Strategie: Mit

Bedacht, gezielten Tests und Schulungen wird sie ein natürlicher Bestandteil des Unternehmens.

5. Warum folgt auf Unsicherheit oft eine Orientierung?

KI mag zunächst komplex erscheinen, doch sobald Sie erste Anwendungen testen, erkennen Sie den Mehrwert für Ihr Unternehmen – und nutzen sie ganz selbstverständlich.

6. Wobei hilft dieses Konzept?

Es zeigt Ihnen, wie KI konkret Ihren Geschäftsalltag verbessert – sei es durch Automatisierung, effizientere Entscheidungen oder neue Wachstumsstrategien.

7. Für wen sind KI und dieses Buch NICHT geeignet?

Für diejenigen, die nicht offen für Veränderung sind oder glauben, dass Erfolg ausschließlich auf bisherigen Erfahrungen basiert – ohne moderne Technologien einzubeziehen.

8. Warum sind keine technischen Vorkenntnisse erforderlich?

Viele KI-Tools sind intuitiv und lassen sich ohne Programmierkenntnisse nutzen. Sie müssen kein IT-Experte sein, um die Vorteile von KI in Ihrem Unternehmen zu erschließen.

9. Was haben Sie davon, KI in Ihrem Unternehmen einzusetzen?

Sie gewinnen Zeit, reduzieren Kosten, treffen bessere Entscheidungen und können sich stärker auf strategische Unternehmensführung konzentrieren.

10. Sind unternehmerische Führung und KI unvereinbar?

Ganz und gar nicht! Unternehmerische Kompetenz wird durch KI nicht ersetzt – sie wird verstärkt. KI ist Ihr Assistent, der Ihnen hilft, schneller und effizienter zu handeln.

Lassen Sie uns gemeinsam herausfinden, wie KI Ihr Unternehmen revolutionieren kann – Schritt für Schritt und ganz praxisnah!

1. Frage: Wie könnte ein typischer Arbeitstag eines Unternehmers in wenigen Jahren aussehen?

Lassen Sie uns ein Szenario betrachten, das Hanna Herz und Klemens Klug, unsere Betriebsberater in der Handwerkskammer[2], schon heute erleben – unterstützt durch KI und nun tragen sie es in die Unternehmen rein:

Hypothetischer Ablauf eines typischen Arbeitstages eines Unternehmers mit KI-Unterstützung

Morgens: 8:00 Uhr – Tagesplanung mit KI

Laura Hoffmann und Markus Schmidt starten ihren Tag mit einem Blick auf die von der KI erstellte Agenda. Sie zeigt, welche Prioritäten heute anstehen:

- **Laura:** Optimierung der **Lagerverwaltung** für ein wachsendes E-Commerce-Geschäft.
- **Markus:** Vorbereitung eines **Investitionsplans** für die Expansion seines Maschinenbauunternehmens.
- **Gemeinsam:** Analyse neuer **Marktchancen** mithilfe von KI-gestützten Datenmodellen.

Die KI liefert für jede Aufgabe aktuelle Geschäftsdaten, Prognosen und individuell zugeschnittene Handlungsempfehlungen.

2 *Bekannt aus der smartberatungki.de und dem Buch dazu „KI-Betriebsberater/in werden in 14 Tagen"!*

8:30 Uhr – E-Mail-Management mit KI

Die KI filtert 100 neue E-Mails und priorisiert sie:

- **30 dringende Anfragen**, darunter eine **Lieferantenverhandlung**, die sofortige Rücksprache erfordert.
- **50 Routineanfragen**, die von der KI automatisch beantwortet werden – zum Beispiel wiederkehrende Kundenanfragen.
- **10 E-Mails mit angehängten Verträgen und Rechnungen**, die die KI überprüft, mit bestehenden Dokumenten abgleicht und an die Buchhaltung weiterleitet.

9:00 Uhr – Strategiemeeting mit KI-gestützter Analyse

Laura trifft sich mit ihrem Team, um über neue Logistikprozesse zu sprechen. Die KI liefert:

- **eine Analyse der Lagerbestände und Optimierungsvorschläge,**
- **automatisch generierte Simulationen**, die zeigen, wie sich eine effizientere Bestellstrategie auf die Kosten auswirkt,
- **Empfehlungen für neue Zulieferer**, basierend auf Preis-Leistungs-Bewertungen.

Währenddessen analysiert Markus mit der KI aktuelle Markttrends, um die Expansion seines Unternehmens zu planen.

Vormittags: 10:00 Uhr – Finanz- und Investitionsplanung mit KI

Markus überprüft die von der KI vorbereiteten Finanzpläne für die Expansion.

- Die KI hat eine **detaillierte Investitionsstrategie** erstellt, basierend auf Marktdaten und Unternehmenskennzahlen.
- Sie hat mögliche **Finanzierungsoptionen** evaluiert und ein Antragsdokument für Fördermittel vorbereitet.
- Innerhalb von 30 Minuten ist der **Plan** finalisiert – eine Aufgabe, die früher Tage in Anspruch genommen hätte.

11:00 Uhr – Umsatzanalyse und Wachstumsstrategie

Laura analysiert mit der KI ihr E-Commerce-Geschäft und erhält:

- eine **Prognose** über die Nachfrageentwicklung der nächsten 6 Monate,
- **Optimierungsempfehlungen** für die Preisgestaltung und Marketingkampagnen,
- **Vorschläge für neue Vertriebskanäle**, die bislang ungenutztes Potenzial bergen.

Ergebnis: Eine gezielte Strategie, um den Umsatz um 20 Prozent zu steigern.

Mittags: 12:00 Uhr – Pause

Die KI bleibt **im Hintergrund** aktiv:

- Sie analysiert Kundendaten und schlägt maßgeschneiderte Marketingmaßnahmen für die nächste Kampagne vor.
- Sie überprüft Vertragslaufzeiten und erinnert an anstehende Erneuerungen oder Verhandlungen.

Nachmittags: 13:00 Uhr – Automatisierte Personalplanung und Recruiting

Markus sucht dringend nach Fachkräften für seine Expansion. Die KI übernimmt:

- **das Erstellen von Stellenanzeigen mit optimierten Keywords,**
- **die Analyse von Bewerberprofilen**, um geeignete Kandidaten vorzuschlagen,
- die automatische Koordination von Vorstellungsgesprächen.

Ergebnis: Ein beschleunigter Einstellungsprozess mit höherer Trefferquote.

Währenddessen erstellt die KI im Hintergrund eine **automatisierte Quartalsauswertung**, die alle relevanten Geschäftszahlen in einer übersichtlichen Präsentation zusammenfasst.

14:00 Uhr – Innovationsstrategie und interne Effizienzsteigerung

Laura und Markus besprechen, wie sie KI noch tiefer in ihre Geschäftsprozesse integrieren können:

- **Einführung einer KI-gestützten Chatbot-Lösung**, um den Kundensupport rund um die Uhr zu optimieren.
- **Automatisierung von wiederkehrenden Bestellprozessen**, um Lagerbestände effizienter zu verwalten.
- **Einsatz von Predictive Analytics**, um zukünftige Marktentwicklungen besser vorauszusehen.

15:00 Uhr – Protokollerstellung und Planung für den nächsten Tag

Die KI fasst den gesamten Arbeitstag zusammen:

- **Welche Aufgaben** abgeschlossen wurden.
- **Welche neuen To-Dos** sich ergeben haben.
- **Welche strategischen Maßnahmen** für den nächsten Tag anstehen.

Laura und Markus prüfen die Tagesprotokolle und legen die Agenda für morgen fest.

Abends: 16:00 Uhr – Abschluss des Tages

Dank KI-Unterstützung konnten Laura und Markus heute:

- **3 strategische Unternehmensentscheidungen** treffen,
- **2 neue Prozesse** optimieren und automatisieren,
- einen kompletten **Finanzplan** inklusive Förderantrag erstellen,
- **Zeit bei administrativen Aufgaben** sparen und sich auf Wachstum und Innovation konzentrieren.

Mit KI schaffen sie die **perfekte Balance zwischen Effizienz, Skalierbarkeit und Innovationskraft** – ein Arbeitsplatz der Zukunft, der schon heute Realität ist.

Damit bekommen Sie eine erste Vorstellung davon, was Unternehmer am häufigsten fragen:

- Für welche Anwendungsfälle könnten Sie KI in Ihrem Unternehmen einsetzen? Schreiben Sie Ihre Ideen und Möglichkeiten auf – von der Automatisierung von Routineaufgaben bis hin zur Unterstützung bei strategischen Entscheidungen.
- Welchen konkreten Nutzen könnte die KI für Sie und Ihr Unternehmen haben? Überlegen Sie, wie KI Ihre Effizienz steigern, Kosten senken und neue Geschäftschancen erschließen könnte.

- Mit welchen KI-gestützten Arbeitsweisen könnte alles in die Realität umgesetzt werden? Denken Sie an Tools wie digitale Assistenten, automatische Berichterstellung, vorausschauende Analysen oder smarte Vertriebssteuerung.

Erleben Sie die Möglichkeiten:

In diesem Buch finden Sie erste Beispiele für konkrete Anwendungsfälle, die Ihnen zeigen, wie KI Ihr Unternehmen transformieren kann. Von der intelligenten Prozessautomatisierung bis zur datenbasierten Entscheidungsfindung – KI ist Ihr neuer Assistent für eine erfolgreiche Zukunft.

Und das ist erst der Anfang:

Weiterführende Anwendungsfälle und spannende Ideen zur Integration von KI erwarten Sie in zukünftigen Publikationen. Bleiben Sie neugierig und gestalten Sie die Zukunft aktiv mit!

2. Frage: Kann man Herausforderungen im Business mit KI lösen?

Viele Unternehmer standen der Einführung von KI zunächst skeptisch gegenüber. In den letzten Monaten habe ich immer wieder ähnliche Bedenken gehört:

- **„Wir haben bewährte Prozesse. Warum sollten wir daran rütteln? Unser Unternehmen läuft doch gut.“**
- **„Ich verlasse mich auf meine Erfahrung und Intuition. Daten und Algorithmen können das nicht ersetzen.“**
- **„Die Digitalisierung mag ihre Vorteile haben, aber sie ersetzt nicht den persönlichen Kontakt zu Kunden und Mitarbeitenden.“**

Doch dann trat die KI auf den Plan!

Plötzlich eröffnen sich ganz neue Möglichkeiten:

- **Routineaufgaben wie Buchhaltung, Berichterstellung und Prozessoptimierung werden automatisiert.**
- **Komplexe Datenanalysen liefern in Sekunden präzise Entscheidungshilfen.**
- **KI-gestützte Tools zeigen ungenutzte Potenziale auf und helfen, Wettbewerbsvorteile zu sichern.**

Die große Frage:

Ist der traditionelle Ansatz noch zeitgemäß, oder ermöglichen uns KI-Lösungen, das Unternehmertum auf eine neue Ebene zu heben?

Die Antwort?

KI ersetzt nicht die unternehmerische Kompetenz – **sie verstärkt sie.**

Sie gibt Unternehmern die Möglichkeit, über Routinen hinauszuwachsen, neue Märkte zu erschließen und Geschäftsmodelle zu transformieren.

Die Zukunft gehört denen, die bereit sind, Technologie als strategisches Werkzeug zu nutzen – **nicht als Ersatz, sondern als Verstärkung menschlicher Intuition und Erfahrung.**

3. Frage: Müssen sich Unternehmer jetzt selbst vom Thron stoßen?

Dieses Buch fordert Sie heraus: **Hinterfragen Sie Ihre eigene Wichtigkeit und Unersetzbarkeit!**

Das mag beunruhigend klingen, doch es eröffnet auch Chancen.

Viele Unternehmer haben Ängste vor Veränderungen, vor dem Verlust ihrer Entscheidungsautorität oder vor der Integration neuer Technologien in ihre Geschäftsmodelle. Ich möchte Ihnen Ansätze zeigen, wie Sie diesen Ängsten begegnen und sie überwinden können.

Stellen Sie sich folgende Szenarien vor:

- Ihr Unternehmen erhält eine KI-generierte Marktanalyse, die so präzise und detailliert ist, dass Sie anstelle von wochenlangen Recherchen innerhalb einer Stunde fundierte Entscheidungen treffen können.
- Kundenanfragen und Bestellungen werden automatisch bearbeitet, sodass Ihr Vertriebsteam sich ausschließlich auf strategische Abschlüsse konzentrieren kann.
- Ihr Finanz- und Rechnungswesen wird KI-gestützt, sodass Sie sich keine Sorgen mehr um verspätete Zahlungen oder fehlerhafte Budgetplanungen machen müssen.

Stattdessen könnten Sie Ihre Rolle revolutionieren:

- Sie automatisieren Routineaufgaben wie Buchhaltung, Personalplanung oder Kundenkommunikation.
- Sie hätten endlich die Zeit, sich auf die wirklich anspruchsvollen strategischen Entscheidungen zu konzentrieren, die Ihr Unternehmen langfristig stärken.
- Sie kombinieren Ihre Erfahrung mit modernster Technologie, um neue Geschäftsmodelle und Innovationen zu entwickeln.
- Sie nutzen KI, um komplexe Herausforderungen besser zu analysieren und schneller die richtigen Weichen zu stellen.

Von der Angst zur Chance

Die Rolle von Unternehmern verändert sich – das ist unbestreitbar. Doch es geht nicht darum, sich von seinem „Thron“ zu stoßen, sondern die eigene Rolle neu zu definieren: als visionäre Führungskraft, die KI als Hebel nutzt, um das Unternehmen auf das nächste Level zu heben.

KI nimmt Ihnen nicht die Kontrolle – sie gibt Ihnen die Möglichkeit, **noch wirksamer zu sein**, indem Sie sich auf das konzentrieren, was wirklich zählt: **Innovation, Wachstum und strategische Unternehmensführung.**

Nutzen Sie diese Chance, um mit neuen Technologien Ihre Begeisterung für Ihr Unternehmen neu zu entdecken und die Zukunft aktiv mitzugestalten

4. Frage: Warum Schritt für Schritt vorgehen?

Originalton eines Unternehmers:

„Und diese ganze Umstellung durch KI? Wirklich?"

Ja, wirklich – und am besten mit einem klaren, schrittweisen Vorgehen. KI verändert die Art und Weise, wie Unternehmen arbeiten, und schafft neue Chancen für Wachstum, Effizienz und Innovation.

Dieses Buch hilft Ihnen dabei, diesen Wandel gezielt anzugehen.

Es bietet Ihnen:

- Eine **klare Anleitung**, wie Sie KI sinnvoll und strukturiert in Ihre Abläufe integrieren.
- **Praxisnahe Strategien**, um Ihre Prozesse schlanker, schneller und leistungsfähiger zu machen.
- **Umsetzbare Lösungen**, die Ihr Unternehmen nicht nur technologisch weiterbringen, sondern Ihnen auch mehr Zeit für das Wesentliche verschaffen.

Der erste Schritt ist einfach – und bringt Sie auf den Weg zu einer Unternehmensführung, die effizienter, zukunftssicherer und wettbewerbsfähiger ist.

5. Frage: Wieso kommt immer nach einer Desorientierung dann die Reorientierung?

Diese erste Unsicherheit ist kein Rückschritt, sondern ein notwendiger Übergang. Veränderung beginnt oft mit Orientierungslosigkeit, weil sie uns zwingt, neu zu denken.

Doch genau darin liegt die Chance.

Nach der Desorientierung folgt eine Neuausrichtung – eine klare Strategie, wie Sie KI nicht als Bedrohung, sondern als

Werkzeug nutzen, um Ihr Unternehmen effizienter, innovativer und zukunftssicherer zu gestalten.

Dieses Buch begleitet Sie auf diesem Weg.

Es bietet Ihnen:

- **klare Leitlinien**, um den Wandel strukturiert zu gestalten,
- **praktische Werkzeuge**, mit denen Sie die Möglichkeiten der KI gezielt für Ihr Unternehmen einsetzen,
- **neue Perspektiven**, die Ihnen zeigen, wie Technologie nicht Ihre Konkurrenz, sondern Ihr stärkster Verbündeter wird.

Gemeinsam werden wir die Kunst einer modernen Unternehmensführung meistern, in der **KI kein Hindernis ist – sondern ein Schlüssel zu mehr Erfolg**.

6. Frage: Wobei hilft dieses Buch? Anwendungsfälle zu lösen!

In diesem Buch geht es darum, Ihnen zu zeigen, wie Sie mit KI betriebliche Herausforderungen schneller und gezielter bewältigen können – ein Ansatz, der aus langjähriger Erfahrung in Unternehmensführung und Prozessoptimierung gewachsen ist.

Dieses Buch ist auch eine Reise durch meinen eigenen Werdegang:

Schon früh wurde ich durch die **Strukturen der Wirtschaft** geprägt – sei es durch meine Familie, durch berufliche Beratungs-Stationen für Unternehmen, über 20-jährige Tätigkeit an einer BWL-Fakultät und durch den direkten Austausch in Inhouseschulungen mit Führungskräften, die vor denselben Herausforderungen standen wie Sie heute.

Die **Arbeit in der Praxis** lehrte mich, täglich zahlreiche Anfragen effizient zu bearbeiten – stets mit dem Ziel, pragmatische Lösungen zu finden, die direkt umsetzbar sind. Ich habe erlebt, wie administrative Aufgaben wertvolle Zeit rauben, die besser für strategische Entscheidungen genutzt werden könnte.

Mit der Einführung von KI begegnen wir einer revolutionären Möglichkeit, Geschäftsprozesse zu optimieren – präziser und schneller als je zuvor.

Dieses Buch bietet Ihnen:

- **klare Schritt-für-Schritt-Anleitungen**, wie Sie KI-Tools in Ihre Geschäftsabläufe integrieren,
- **konkrete Anwendungsszenarien**, von der Automatisierung von Routineaufgaben bis zur datenbasierten Entscheidungsfindung,
- **praktische Vorlagen, Prompts und Chatbots,** mit denen Sie KI gezielt für Ihre individuellen Herausforderungen einsetzen.

Ich führe Sie durch Methoden wie:

- **die „goldene Promptregel“**, um KI-gestützte Prozesse optimal zu steuern,
- **direkt einsetzbare Mustervorlagen**, um Berichte, Analysen oder strategische Empfehlungen automatisiert zu erstellen.

Das Ziel dieses Buches:

Ihnen praxisnahe Lösungen und fundierte Einblicke zu bieten, damit Sie KI-Werkzeuge sicher und effektiv in Ihre Unternehmensprozesse integrieren können – **ohne den persönlichen Charakter und die hohe Qualität Ihrer Arbeit zu verlieren.**

Dieses Buch ist die Brücke zwischen bewährtem Unternehmertum und den grenzenlosen Möglichkeiten der Künstlichen Intelligenz. Es modernisiert Ihre Arbeitsweise und hilft Ihnen, Ihr Unternehmen effizienter und erfolgreicher zu führen.

7. Frage: Für wen sind KI und dieses Buch NICHT geeignet?

Dieses Buch ist ein Navigationssystem für Unternehmer, die Künstliche Intelligenz als strategischen Vorteil nutzen wollen. Es zeigt Ihnen, wie Sie Ihre Prozesse optimieren, fundiertere Entscheidungen treffen und Ihr Unternehmen zukunftssicher machen. Doch es ist nicht für jeden gedacht.

Falls Sie sich in den folgenden Beschreibungen wiedererkennen, könnte dieses Buch nicht das Richtige für Sie sein:

- **Für Fortschrittsverweigerer:** Wenn Sie sich bewusst gegen digitale Werkzeuge und Automatisierung entscheiden, weil „es doch immer so funktioniert hat", werden Ihnen die Ansätze in diesem Buch wenig Nutzen bringen.
- **Für die Zufriedenen mit dem Status quo:** Wenn Sie keinerlei Bedarf sehen, effizienter zu arbeiten oder Ihr Unternehmen weiterzuentwickeln, werden die hier vorgestellten Methoden für Sie eher irritierend als inspirierend sein.
- **Für Technikverweigerer:** Wer moderne Technologien grundsätzlich als unnötig oder überflüssig betrachtet, wird sich mit den Konzepten in diesem Buch schwertun.
- **Für die Komfortzonen-Verteidiger:** Wenn Sie nicht bereit sind, neue Ideen auszuprobieren und bestehende Prozesse zu hinterfragen, wird dieses Buch kaum etwas an Ihrer Arbeitsweise ändern.
- **Für Digitalisierungsgegner:** Wer sich bewusst gegen Online-Lösungen und digitale Geschäftsmodelle stellt, wird die vorgestellten Anwendungen nicht in vollem Umfang nutzen können.
- **Für die Ewiggestrigen:** Wenn Sie überzeugt sind, dass traditionelle Methoden immer überlegen bleiben und technologische Innovationen nur ein vorübergehender Trend sind, wird dieses Buch Ihren Blickwinkel wahrscheinlich nicht verändern.

Falls Sie sich jedoch als jemand sehen, der sein Unternehmen weiterentwickeln, smarter arbeiten und mit den Möglichkeiten der Künstlichen Intelligenz neue Maßstäbe setzen möchte, dann sind Sie hier genau richtig.

Dieses Buch gibt Ihnen das Rüstzeug an die Hand, um Ihr Unternehmen effizienter, innovativer und konkurrenzfähiger zu machen – und damit nicht nur den aktuellen Herausforderungen gewachsen zu sein, sondern die Zukunft aktiv zu gestalten.

8. Frage: Warum keine Vorkenntnisse erforderlich sind!

Mit den Strategien in diesem Buch **optimieren Sie Ihre Abläufe, steigern Ihre Effizienz und schaffen sich Freiräume** – für wichtige Geschäftsentscheidungen, innovative Projekte oder einfach mehr Zeit für sich.

Eine häufige Frage: *„Muss ich mich mit KI oder digitalen Tools bereits auskennen?“*

Die klare Antwort: **Nein!**

Was Sie in diesem Buch finden:

- **Einen leicht verständlichen Einstieg in Künstliche Intelligenz**, speziell zugeschnitten auf Unternehmer ohne technische Vorkenntnisse.
- **Schritt-für-Schritt-Erklärungen**, die sich intuitiv umsetzen lassen – ohne Fachchinesisch oder komplizierte Theorie.
- **Konkret anwendbare Werkzeuge und Beispiele**, mit denen Sie sofort loslegen können.

Was Sie mitbringen sollten:

- **Aufgeschlossenheit für neue Methoden**, die Ihre Arbeitsweise verbessern können.
- **Die Bereitschaft, bestehende Prozesse zu hinterfragen** und Innovation als Chance zu begreifen.

Dieses Buch ist bewusst so aufgebaut, dass es Ihnen den Einstieg in KI erleichtert. Sie werden nicht mit unnötigem Technikwissen überfordert, sondern **systematisch und praxisnah an KI-gestützte Lösungen herangeführt**, die sich sofort in Ihrem Unternehmen nutzen lassen – ganz ohne IT-Erfahrung.

9. Frage: Was bringt es Ihnen, sich KI-Kenntnisse anzueignen?

Zeitgewinn, Kosteneinsparungen, mehr Sicherheit im Umgang mit digitalen Technologien – und ja, auch die Faszination neuer Möglichkeiten werden Sie auf dieser Reise begleiten!

Die Integration von KI in Ihr Unternehmen eröffnet Ihnen zahlreiche Vorteile:

- **Wiederkehrende Aufgaben auslagern**, sodass Sie sich auf strategische Entscheidungen konzentrieren können.
- **Arbeitsprozesse automatisieren**, um effizienter und produktiver zu arbeiten.
- **Freiräume für anspruchsvolle Projekte und wertvolle persönliche Interaktionen schaffen.**
- **Souverän durch den KI-Dschungel navigieren**, ohne von Hypes oder unrealistischen Versprechen verunsichert zu werden.
- **Bessere Entscheidungsgrundlagen nutzen**, indem KI-gestützte Analysen und Argumentationshilfen neue Perspektiven eröffnen.
- **Sich überraschen lassen**, wie leistungsfähig moderne KI-Tools sind – und dabei spielerisch ihre Grenzen ausloten.

Praxisnah und sofort anwendbar

In diesem Buch finden Sie:

- **klar strukturierte Mustervorlagen**, die Ihnen den Einsatz von KI erleichtern,
- **Prompts und Chatbot-Anwendungen**, die sich an Ihre individuellen Anforderungen anpassen lassen,
- **Schritt-für-Schritt-Anleitungen**, mit denen Sie Prozesse optimieren und Kosten senken.

Der Nutzen? **Schnellere Bearbeitung von Aufgaben, weniger betriebliche Kosten und ein minimiertes Risiko für Fehlentscheidungen.**

Sie sind skeptisch? Kein Problem – in diesem Buch liefere ich Ihnen konkrete Anwendungsbeispiele, die Sie überzeugen werden!

Sie glauben das nicht? Keine Sorge, ich liefere Ihnen nicht nur Theorie, sondern direkt anwendbare Praxisbeispiele – und obendrein einen persönlichen Assistenten: **Arno** – Ihr smarter Einstiegspunkt in die Welt der KI für Unternehmer!

KIBU – Ihr schlauer KI-Startassistent mit Humor und Geduld

Wie verändert KI den Unternehmensalltag? – Ohne komplizierte Theorie, unverständliche Fachbegriffe oder die Angst, von Technologie überfordert zu werden?

KI kann Ihnen helfen, Routineaufgaben zu automatisieren, schnellere Analysen durchzuführen und datenbasierte Entscheidungen zu treffen.

Während Sie noch überlegen, wie Sie KI in Ihrem Unternehmen nutzen können, hat **KIBU** bereits die ersten praktischen Anwendungsbeispiele vorbereitet – verständlich, praxisnah und sofort einsetzbar.

KIBU kennt auch alle im 2. Teil beschriebenen Chatbots.

„Muss ich ein IT-Experte sein, um KI in meinem Unternehmen zu nutzen?“ – ***KIBU stellt diese Frage nicht, er zeigt Ihnen direkt, wie es geht.***

Er erklärt, wie KI Arbeitsabläufe optimiert, Berichte automatisiert und strategische Entscheidungen erleichtert – ohne dass Unternehmer ihre Kernkompetenzen aus den Augen verlieren.

1. Anwendungsfall: Erster KI-Einsatz im Unternehmen

Laura Hoffmann und Markus Schmidt, Geschäftsführer eines mittelständischen Unternehmens, möchten KI in ihre Geschäftsprozesse integrieren. Sie fragen KIBU:

„Wie verändert KI unseren Arbeitsalltag, und wo kann sie uns konkret unterstützen?“

KIBU liefert eine praxisnahe Antwort:

- **Automatisierung von Routineaufgaben** – Rechnungen, Berichte und E-Mails werden in Minuten statt Stunden erstellt.
- **Effiziente Datenauswertung** – Marktanalysen, Finanzberichte und Kundenpräferenzen auf einen Blick.
- **Mehr Zeit für strategische Arbeit** – Weniger Bürokratie, mehr Fokus auf Wachstum und Innovation.

Nach kurzer Zeit erkennen Laura und Markus: „Dank KIBUverstehen wir, wo KI uns unterstützt, und können sofort erste Schritte umsetzen!“

1. Unternehmer-KI-Start-Prompt

Sie sind KIBU – mein smarter KI-Assistent für Unternehmensprozesse. (**Rolle**)

Ein mittelständisches Unternehmen möchte KI in seinen Geschäftsalltag integrieren, hat aber bisher keine Erfahrung damit. (**Kontext**)

Erklären Sie einem Einsteiger, wie KI den Arbeitsalltag verändert und warum sie für Unternehmer relevant ist. (**Thema**)

Viele Unternehmer wissen nicht, wo sie mit KI beginnen sollen, fürchten hohe Investitionskosten oder glauben, dass KI nur für große Konzerne nutzbar ist. (**Problem**)

Entwickeln Sie eine praxisnahe Einführung in die Nutzung von KI, die ohne Vorkenntnisse verständlich ist. Zeigen Sie, wie Unternehmen durch Automatisierung, datenbasierte Entscheidungen und optimierte Prozesse profitieren können. (**Aufgabe**)

Verwenden Sie konkrete Beispiele aus den Bereichen Verwaltung, Marketing, Vertrieb oder Produktion. Zeigen Sie anhand der hochgeladenene betriebsspezifischen Rahmendaten, wie KI-Systeme Routineaufgaben übernehmen, Marktanalysen erleichtern und strategische Entscheidungen verbessern. (**Spezifische Informationen**)

Strukturierte, leicht verständliche Erklärung in maximal 300 Wörtern, die für technik-skeptische Unternehmer geschrieben ist. (**Format**)

Geschäftsführer, Entscheider und Unternehmer, die KI erstmals kennenlernen und direkt umsetzbare Anwendungen für ihren Betrieb suchen. (**Zielgruppe**)

Vermeiden Sie Fachbegriffe und abstrakte Theorien. Konzentrieren Sie sich auf praxiserprobte Lösungen mit direktem Mehrwert. Nutzen Sie ausschließlich realistische und etablierte KI-Tools. (**Warnhinweis**)

Tipps, Tricks & Geheimnisse für den KI-Start „KI ist kein Hexenwerk – sie ist ein Werkzeug!“

Nutzen Sie KI, um administrative Aufgaben zu vereinfachen und sich auf das Wesentliche zu konzentrieren.

Trick: „Die besten Ergebnisse entstehen durch präzise Fragen.“

Fragen Sie zum Beispiel:

- **„Wie kann ich mit KI meine Prozesse effizienter gestalten?“** – und lassen Sie sich überraschen.

Geheimnis: „KI ersetzt keine Unternehmer – sie macht sie besser.“

- KI nimmt Ihnen keine Entscheidungen ab, sondern liefert in Sekunden die Informationen, für die Sie sonst Stunden bräuchten.

Jetzt aktiv werden!

Testen Sie **KIBU** für Ihr Unternehmen. Geben Sie eine strategische Frage ein, zum Beispiel:

- „Welche drei wichtigsten Möglichkeiten gibt es, KI in meine Unternehmensprozesse zu integrieren?“

Nutzen Sie KI als digitalen Assistenten – für effizientere Abläufe, bessere Entscheidungen und mehr Zeit für Ihre wichtigsten Aufgaben.

QR-Code zum Chatbot KIBU

Drücken Sie die **„Magic Buttons“** des Chatbots, um:

- **Fragen beziehungsweise Anwendungsfälle zu lösen,**
- **Webinare zur Vertiefung des Themas zu starten,**
- **spielerisch das Thema des Chatbots zu durchdringen.**

10. Frage: Sind Beratung und KI unvereinbar?

Lassen Sie uns die Frage direkt aufgreifen: Können technologische Innovation und unternehmerische Verantwortung miteinander in Einklang stehen? Viele Unternehmer äußern Bedenken:

- **„Ich habe Angst, dass KI den menschlichen Aspekt in meinem Unternehmen verdrängt. Wie stelle ich sicher, dass digitale Lösungen den persönlichen Austausch nicht ersetzen?“**
- **„Wie bleibt der Schutz sensibler Daten gewährleistet? Wer garantiert, dass KI keine Sicherheitsrisiken mit sich bringt?“**
- **„Kann KI wirklich komplexe Geschäftsentscheidungen unterstützen, oder bleibt sie doch nur ein Werkzeug für Standardaufgaben?“**

Die Wahrheit ist: **KI ist kein Ersatz, sondern ein Verstärker Ihrer unternehmerischen Fähigkeiten.**

Dieses Buch räumt mit Unsicherheiten auf und gibt Ihnen das nötige Wissen an die Hand:

- **Es vermittelt Ihnen klare Prinzipien**, wie Sie Technologie ethisch und verantwortungsbewusst einsetzen.
- **Es zeigt Ihnen praxisnah, wie Datenschutz gewährleistet wird** und wie Sie sensible Informationen absichern.
- **Es beweist, dass KI nicht den persönlichen Führungsstil ersetzt, sondern Ihnen den Rücken freihält** – damit Sie sich stärker auf Strategie, Wachstum und wertvolle Geschäftsbeziehungen konzentrieren können.

In einer Welt, in der digitale Innovationen rasant voranschreiten, ist es entscheidend, den Anschluss nicht zu verlieren. Dieses Buch begleitet Sie dabei, eine stimmige Verbindung zwischen bewährten Methoden und den revolutionären Möglichkeiten der KI herzustellen.

Schluss mit:

- zeitraubenden Routinetätigkeiten,
- langwierigen Verwaltungsaufgaben,
- unnötigen Überstunden für wiederkehrende Prozesse.

Willkommen in der nächsten Ära des Unternehmertums – mit mehr Effizienz, durchdachten Entscheidungen und einer nachhaltig verbesserten Arbeitsweise.

Genderhinweis

Auch wenn ich in meinen Ausführungen die männliche Form verwende, beziehe ich mich damit auf alle Geschlechter und betone die Gleichwertigkeit aller Menschen unabhängig von ihrer Geschlechtsidentität.

Kontaktinformation

Für **Feedback**:

Ich schätze Ihr Feedback sehr. Bitte lassen Sie mich wissen, wie Ihnen mein Werk gefallen hat und was ich verbessern kann. Sie können Ihr Feedback unter folgenden Kontaktdaten hinterlassen:

- E-Mail: Thorsten.Richter@Richterschema.com

Für **weitere Informationen**:

Falls Sie mehr Informationen wünschen oder spezielle Fragen haben, zögern Sie nicht, mich und mein Team zu kontaktieren:

- Telefon: 0173 200 84 78
- E-Mail für Anfragen: Thorsten.Richter@Richterschema.de

Folgen Sie uns auf **Social Media**:

Bleiben Sie über unsere neuesten Updates und Inhalte informiert, indem Sie uns auf unseren Social-Media-Kanälen folgen:

- **Websites:**
  www.Richterschema.com
  www.inmevia.ai
- **Communities**
  - **Smarte KI-Kurse & KI-Talks**
    Kostenfreier Zugang unter:
    https://inmevia.ai/smarte-ki-kurse-und-ki-talks
  - **Smart Business Kompass**
    Zugang unter:
    https://inmevia.ai/smart-business-kompass
- **YouTube:**
  Prof. Dr. Richter Fälle lösen mit KI-Richterschema
  https://www.youtube.com/@
  RichterschemabyProfDriurRichte
- **LinkedIn: ProfRichter**
  https://www.instagram.com/profrichter/?hl=de
- **Instagram: Thorsten Siegfried Richter**
  https://www.facebook.com/thorstensiegfried.richter
- **TikTok:**
  @profrichter https://www.tiktok.com/@profrichter

Vorwort KI-Arbeitsplatz der Zukunft – Zusammenfassung

Dieses Buch ist in 2 Teile gegliedert

Teil 1: Grundlagen der Künstlichen Intelligenz für Unternehmerinnen und Unternehmer Der 1. Teil vermittelt praxisnah die essenziellen Grundlagen der Künstlichen Intelligenz (KI), ohne in technische Tiefe oder unnötige Theorie abzudriften. Ziel ist es, Unternehmerinnen und Unternehmer in die Lage zu versetzen, KI-Tools gezielt zu verstehen und direkt in ihrem Betrieb anzuwenden.

Teil 2: Praxisnahe KI-Lösungen für den Unternehmensalltag Der 2. Teil bietet konkrete und direkt umsetzbare Lösungen, mit praxiserprobten Strategien, realen Fallbeispielen und sofort anwendbaren Prompts und Chatbots, die in verschiedenen Unternehmensbereichen eingesetzt werden können.

Kerninhalte von Teil 1 (Seiten 1–205):

- **Einleitung in KI und deren Bedeutung für Unternehmen**
  Warum KI heute eine entscheidende Rolle spielt, welche Mythen existieren und wie erste Erfolgserlebnisse schnell erreicht werden.
- **Schnelleinstieg in KI-Tools**
  Eine praktische Einführung in die ersten Anwendungen, zentrale Begriffe und die Umsetzung erster Pilotprojekte.
- **KI in der Unternehmenspraxis**
  Anhand eines Praxisfalls (zum Beispiel Lösung des Fachkräftemangels in einem Handwerksbetrieb durch KI) wird der Nutzen deutlich gemacht.

- **Effiziente KI-Nutzung im Tagesgeschäft**
  Die Kunst, strukturierte Prompts zu schreiben, die „Goldene Promptregel“ und wie eigene Chatbots im Unternehmen integriert werden können.

Nach den ersten 206 Seiten sind Unternehmerinnen und Unternehmer in der Lage, erste KI-gestützte Analysen durchzuführen und ihre Entscheidungsprozesse durch den gezielten Einsatz von KI zu optimieren.

Der **2. Teil** baut darauf auf und liefert konkrete Lösungsansätze für essenzielle Unternehmensbereiche wie Strategie, Marketing, Finanzen oder IT-Sicherheit.

SCHNELLEINSTIEG IN KI-TOOLS

KI ist leichter zugänglich, als Sie denken: Erster Zugang + erstes KI-Tool + erster Pilotfall = in einer Stunde!

Erfolge nach dem Lesen dieses Kapitels

- Sie haben Ihre **Lesezeit effizient genutzt**, um wertvolles KI-Wissen aufzubauen.
- Sie haben **Zusammenfassungen und QR-Codes** als schnelle Lernhilfen verwendet.
- (Vielleicht) haben Sie **Ihren ersten KI-Account erstellt und direkt ausprobiert**.
- Sie haben **einen konkreten Anwendungsfall für KI kennengelernt** und verstanden, wie er Ihnen helfen kann.
- Sie konnten **erste KI-Ergebnisse bewerten** und deren Nutzen für Ihr Unternehmen einschätzen.
- Sie haben eine **erste Orientierung zu KI-Fachbegriffen, Prompts und möglichen Herausforderungen** erhalten.

Dieses Kapitel bringt Sie **in Rekordzeit von der Theorie in die Praxis** – und legt den Grundstein für Ihre ersten erfolgreichen Schritte mit Künstlicher Intelligenz.

Falls Sie noch keinen Zugang zu KI-Tools haben, gehen wir gemeinsam Schritt für Schritt vor:

Überblick

1. Schritt: Optimale Nutzung dieses Buches – Tipps, wie Sie das Beste aus den Inhalten herausholen.

2. Schritt: Interaktive Lernmethoden entdecken – QR-Codes und Zusammenfassungen für zusätzlichen Mehrwert nutzen.

3. Schritt: Erstes KI-Tool ausprobieren – Schnelleinstieg (KickStart) in eine KI-Anwendung Ihrer Wahl.

4. Schritt: Ersten Pilotfall zum Start aussuchen – einen ersten Pilotfall auswählen, um KI direkt zu testen.

5. Schritt: Erste Ergebnisse kritisch bewerten – erste Auswertungen der KI prüfen und interpretieren.

6. Schritt: Erste Grundlagen verstehen (Grundwortschatz) – wichtige Begriffe aus der KI-Welt kennenlernen.

7. Schritt: Erste Prompts formulieren – Einstieg in die Kunst der richtigen Befehle für KI-Systeme.

8. Schritt: Erste typische Herausforderungen einschätzen – mögliche Probleme bei der Nutzung von KI erkennen.

9. Schritt: Erste Bedienung meistern – wichtige Funktionen und Werkzeuge Ihres KI-Tools kennenlernen.

1. Schritt: Optimale Nutzung dieses Buches

1. Tipp: Nehmen Sie sich bewusst Zeit!

Investieren Sie **eine Stunde**, um das Beste aus diesem Buch herauszuholen – nicht mehr, aber auch nicht weniger!

Es geht hier nicht um trockene Theorie oder komplexe Fachlektüre. Stattdessen erwartet Sie eine **inspirierende Reise durch die Welt der Künstlichen Intelligenz** – mit direktem Praxisbezug für Ihr Unternehmen.

2. Tipp: Schaffen Sie die richtige Atmosphäre!

Lernen fällt leichter, wenn es sich nicht wie eine Pflicht anfühlt. Lesen Sie dieses Buch in einer Umgebung, die Ihnen Freude bereitet:

- Während einer Zugfahrt oder im Flugzeug.
- In einer entspannten Pause mit einer guten Tasse Kaffee.
- Abends mit einem Glas Wein als Teil Ihres persönlichen Weiterbildungsrituals.

Ich begleite Sie dabei, KI strategisch in Ihr Unternehmen einzuführen.

Sie starten mit den Grundlagen und setzen erste Konzepte um, bis Sie Schritt für Schritt in die **praktischen Anwendungsfälle eintauchen**, die Ihr Unternehmen effizienter und wettbewerbsfähiger machen.

3. Tipp: Erst verstehen, dann anwenden!

Ich empfehle Ihnen, zunächst die grundlegenden Kapitel aufmerksam zu lesen. So bekommen Sie ein solides Verständnis dafür, wie sich KI sinnvoll in Geschäftsprozesse integrieren lässt.

Haben Sie sich die wichtigsten Grundlagen angeeignet? Dann springen Sie gezielt zu den **KI-Anwendungsfällen**, die für Ihr Unternehmen **jetzt** relevant sind.

Klingt das nach einem Plan? Dann starten wir Ihre KI-Reise!

2. Schritt: Interaktive Lernmethoden entdecken

Übersichten als Erfolgsfaktor

Dieses Buch setzt auf **visuelle Klarheit**: Sie finden hier schematische Darstellungen, die Prozesse und Entscheidungswege veranschaulichen. So verstehen Sie schneller, **wie Künstliche Intelligenz strategisch in Ihrem Unternehmen eingesetzt werden kann.**

Zusammenfassungen und QR-Codes nutzen

Am Ende jedes Kapitels erwarten Sie **praktische Cheat Sheets** – kompakte Merkblätter, die alle wichtigen Inhalte auf einen Blick zusammenfassen:

- **Tricks, Strategien und Best Practices**
- **Nützliche Prompts für den sofortigen Einsatz**
- **Kurz und prägnant: Das Wichtigste pro Kapitel auf einer Seite**

Was ist gerade für Sie relevant?

Werfen Sie einen Blick ins Inhaltsverzeichnis und springen Sie direkt zur Zusammenfassung eines Themas, das Ihnen aktuell am meisten hilft.

Bonus-Materialien entdecken

Neben den gedruckten Inhalten bietet dieses Buch **zusätzliche digitale Ressourcen**. Diese finden Sie über:

- die Webseite: https://inmevia.ai/bonusmaterialien-ki-buchreihe
- **QR-Codes**, die Sie einfach mit Ihrem Smartphone scannen können.

Warum Bonusmaterialien nutzen?

- **Immer aktuell:** Laufend ergänzte Inhalte halten Sie auf dem neuesten Stand.
- **Direkt weiterverwendbar:** Texte und Prompts lassen sich einfach kopieren – kein mühsames Abtippen.
- **Zusätzliche Inhalte:** Mustervorlagen, Checklisten und detaillierte Anleitungen für den sofortigen Einsatz.

Probieren Sie es doch gleich mal aus! Scannen Sie den QR-Code auf dieser Seite und entdecken Sie, welche wertvollen Materialien auf Sie warten. Viel Spaß beim Erkunden und Ausprobieren!

3. Schritt: Erstes KI-Tool ausprobieren

Sie haben noch keinen Zugang zu einer KI-Anwendung? Kein Problem! Dieses Kapitel führt Sie Schritt für Schritt durch den Anmeldeprozess – egal, ob Sie **ChatGPT von OpenAI** oder ein anderes Tool nutzen möchten.

Alternative KI-Tools entdecken

Falls Sie lieber andere KI-Tools ausprobieren möchten, finden Sie in den **Download-Materialien** detaillierte Anleitungen zu verschiedenen KI-Tools, darunter:

- **ChatGPT von OpenAI** – eines der meistgenutzten KI-Tools weltweit,
- **spezialisierte KI-Lösungen** wie zum Beispiel https://www.langdock.com/de, das speziell für Unternehmen entwickelt wurde, dazu später mehr.

Schnellstart mit ChatGPT

Aktion 1: Öffnen Sie einen Browser mit stabiler Internetverbindung.

Aktion 2: Geben Sie die **Adresse** https://chatgpt.com/ in die Adressleiste ein.

Aktion 3: Klicken Sie auf **„Registrieren"**.

Aktion 4: Geben Sie Ihre **E-Mail-Adresse** für die Kontoerstellung ein.

1. Tipp: Datenschutz beachten

Wenn Sie vermeiden möchten, dass berufliche Daten in Ihre KI-Experimente einfließen, empfiehlt sich die Nutzung einer **separaten, nicht beruflich verknüpften E-Mail-Adresse**.

Aktion 5: Erstellen Sie ein sicheres Passwort (mindestens 12 Zeichen).

2. Tipp: Passwort-Manager nutzen

Speichern Sie Ihr Passwort in einem **Passwort-Manager**, um den Überblick zu behalten.

Aktion 6: Akzeptieren Sie die **Nutzungsbedingungen.**

Aktion 7: Bestätigen Sie Ihre **E-Mail-Adresse** über den Link in Ihrem Posteingang.

Herzlichen Glückwunsch – Sie haben nun Zugang zur **kostenlosen Version von ChatGPT!**

Aktion 8: Falls gewünscht, können Sie direkt ein kostenpflichtiges Upgrade durchführen.

Aktion 9: Bestätigen Sie Ihre Zahlungsinformationen und warten Sie auf die Freischaltung.

Fertig! Ihr erster Schritt in die Welt der Künstlichen Intelligenz ist geschafft – jetzt können Sie Ihr KI-Tool erkunden und erste Anwendungsfälle testen!

4. Schritt: Ersten Pilotfall zum Start aussuchen

Pilotfall: „Der KI-Durchbruch bei der Hoffmann & Schmidt GmbH"

Die Herausforderung: Wo Unternehmen ins Stocken geraten

Die Hoffmann & Schmidt GmbH, ein familiengeführter Automobilzulieferer aus Stuttgart, steht vor kritischen Hürden: Lieferengpässe, ineffiziente Abläufe und hoher Verwaltungsaufwand bremsen das Wachstum.

Geschäftsführer **Markus Schmidt** und **Laura Hoffmann** wissen: Ohne **datengetriebene Lösungen** lassen sich diese Probleme nicht lösen.

Die Brennpunkte, die nach smarter Unterstützung verlangen:

- **KI-Arbeitsplatz, Prozess- und Workflow-Optimierung:** Fehlende digitale Arbeitsprozesse, unklare Verantwortlichkeiten und mangelnde Schulung verhindern eine produktive Nutzung von KI im Tagesgeschäft.
- **Strategisches Management:** Fehlende Marktanalysen und langsame

Entscheidungsprozesse kosten wertvolle Wachstumschancen.

- **Marketing und Kommunikation:** Unpräzise Zielgruppenansprache und ungenutzte Kontaktpunkte bremsen das Kundenpotenzial.
- **Vertrieb:** Zeitverlust durch manuelle Lead-Scorings und fehlende Priorisierung in der Kundenakquise.
- **Personalmanagement:** Ungenaue Personalplanung führt zu Engpässen und Überlastung im Team.
- **Forschung und Entwicklung:** Innovationspotenziale bleiben unentdeckt, da Analysen und Trendscouting fehlen.
- **Wissensmanagement:** Erfahrungswissen ist verstreut, Wissenstransfer ineffizient.
- **Finanzen und Controlling:** Fehlende Echtzeitanalysen erschweren die Liquiditätsplanung.
- **Kundenservice:** Lange Reaktionszeiten und fehlende Datenintegration mindern die Kundenzufriedenheit.
- **Recht und Compliance:** Lückenhaftes Risikomanagement und fehlende Richtlinienüberwachung erhöhen rechtliche Risiken.
- **Qualitätsmanagement:** Produktionsfehler werden zu spät erkannt, Prozesse bleiben starr.
- **IT und Sicherheit:** Sicherheitslücken und mangelnde Datenintegrität gefährden den Betrieb.

Wie kann KI konkret zur Lösung der dargestellten Herausforderungen beitragen – von der Prozessoptimierung bis zur Kundenbindung?

Das Ergebnis: Raum für Strategie und Wachstum

Nach 3 Monaten erzielte Hoffmann & Schmidt mit dem Pilotprojekt **„BizVision“** zur Einführung von KI ins Unternehmen:

- 30 Prozent schnellere Entscheidungen dank strukturierter Datenanalysen,
- 25 Prozent mehr Umsatz durch präziseres Marketing und effektivere Vertriebsprozesse,
- 40 Prozent weniger Zeitaufwand in Verwaltung und Controlling.

Hoffmann & Schmidts Fazit: „Der Schlüssel liegt in intelligenten Prozessen. Wer KI dort einsetzt, wo sie Mehrwert schafft, macht aus Herausforderungen Wachstumschancen."

Jetzt sind Sie am Zug!

Wenn Sie dieses Buch aufmerksam durcharbeiten, werden Sie mithilfe der enthaltenen KI-Prompts und Chatbots in nur 14 Tagen – Schritt für Schritt entlang der 14 Kapitel – dieselben Erfolge auch in Ihrem Unternehmen erzielen.

Nutzen Sie die Chance, Ihre Prozesse zu transformieren und Ihr Unternehmen fit für die Zukunft zu machen!

Um die Potenziale von KI greifbar zu machen, begleiten wir die Hoffmann & Schmidt GmbH, ein familiengeführtes Automobilzulieferunternehmen unter der Leitung von Laura Hoffmann und Markus Schmidt. Dieses Beispiel zieht sich durch das gesamte Buch und zeigt Ihnen, wie KI konkrete Unternehmensherausforderungen löst – von der Analyse über Empfehlungen bis zur Umsetzung.

Was Sie anhand dieses Falls lernen:

- **KI-Arbeitsplatz und Workflows:** Wie digitale Arbeitsprozesse aufgebaut und durch KI effizienter gestaltet werden. (Kapitel **A.**)
- **Strategisches Management:** Wie datenbasierte Analysen fundierte Geschäftsentscheidungen ermöglichen. (Kapitel **B.**)
- **Marketing:** Wie KI personalisierte Kampagnen entwickelt und Zielgruppen effektiv anspricht. (Kapitel **C.**)
- **Vertrieb:** Wie KI automatisierte Lead-Scorings erstellt und den Verkaufsprozess optimiert. (Kapitel **D.**)

- **Personalbedarf und Recruiting:** Wie KI den Fachkräftebedarf analysiert, gezielte Stellenanzeigen erstellt und relevante Bewerber findet. (Kapitel **E.**)
- **Forschung und Entwicklung (F&E):** Wie KI Trends erkennt, Innovationsprozesse beschleunigt und Prototypenentwicklung optimiert. (Kapitel **F.**)
- **Wissensmanagement:** Wie KI den Wissenstransfer unterstützt und eine unternehmensweite Wissensdatenbank aufbaut. (Kapitel **G.**)
- **Finanzen und Controlling:** Wie KI Echtzeitprognosen liefert und eine präzisere Finanzplanung ermöglicht. (Kapitel **H.**)
- **Kundenservice:** Wie KI schnelle, personalisierte Antworten liefert und die Kundenzufriedenheit steigert. (Kapitel **I.**)
- **Recht, Steuern und Compliance:** Wie KI Risiken erkennt, Verträge prüft und die Einhaltung gesetzlicher Vorgaben sichert. (Kapitel **J.**)
- **Qualitätsmanagement in Wertschöpfung und Produktion:** Wie KI Qualitätsprobleme frühzeitig erkennt und kontinuierliche Prozessverbesserung ermöglicht. (Kapitel **K.**)
- **IT und Sicherheit:** Wie KI sensible Daten schützt und Sicherheitsrisiken proaktiv minimiert. (Kapitel **L.**)

Ihr Ziel: Sie erleben, wie KI wiederkehrende Aufgaben automatisiert und gleichzeitig präzisere Ergebnisse liefert. Dadurch gewinnen Sie mehr Zeit, um sich auf die Unternehmensstrategie und die persönliche Führung zu konzentrieren.

Probieren Sie es selbst: Geben Sie diesen Fall in Ihre KI ein und vergleichen Sie die Ergebnisse mit den Lösungen aus dem Buch. Hier 3 Wege, es auszuprobieren:

- **Manuelle Eingabe:** Text händisch eintragen – die aufwendigste, aber lehrreiche Methode.

- **Spracherkennung:** Den Fall über das Mikrofon vorlesen – effizienter mit etwas Übung.
- **Bonus-Material:** Text direkt aus den QR-Codes zum Buch kopieren – schnell, sicher und fehlerfrei.

5. Schritt: Erste Ergebnisse kritisch bewerten

Was wird Ihre KI sofort mit dem Pilotfall machen?

Da der Pilotfall mit der Frage endet:

„Wie kann KI konkret zur Lösung der dargestellten Herausforderungen beitragen – unter juristischen und betriebswirtschaftlichen Gesichtspunkten?“,

wird Ihr KI-Tool unmittelbar eine Analyse erstellen. Diese ersten Resultate verdienen Ihre besondere Aufmerksamkeit.

Erste Ergebnisse: Ein denkbares Ergebnis der KI auf diese Frage könnte sich wie folgt darstellen:

Einfache Ergebnisse gängiger KI-Tools zum Pilotfall mit einfach gehaltener Frage

Wie KI in diesem Fall hilft

1. Analyse der Arbeitsprozesse und erste Handlungsvorschläge

Laura Hoffmann setzt die KI ein, um Engpässe im Betrieb zu erkennen.

- Die KI zeigt, dass Lieferverzögerungen vor allem durch ineffiziente Abläufe in der Produktion verursacht werden.
- Sie empfiehlt automatisierte Workflows für die Materialdisposition und schlägt ein Echtzeit-Dashboard zur Überwachung der Prozessschritte vor.

2. Unterstützung bei strategischen Entscheidungen

Markus Schmidt erhält von der KI detaillierte Szenarien zur Umsatzentwicklung.

- Sie simuliert unterschiedliche Strategien, darunter die Erschließung neuer Märkte und die Einführung flexibler Preisgestaltungen.
- Gleichzeitig warnt die KI vor potenziellen finanziellen Risiken und empfiehlt Maßnahmen zur Risikominimierung.

3. Verbesserung der Marketingmaßnahmen

Die KI analysiert das bisherige Kundenfeedback und erkennt, dass die aktuellen Werbemaßnahmen nicht die gewünschte Zielgruppe erreichen.

- Sie schlägt eine neue Kampagnenstrategie vor, die personalisierte Inhalte für verschiedene Kundensegmente enthält.
- Gleichzeitig empfiehlt sie, die Social-Media-Aktivitäten auszubauen und gezielte Anzeigen mit optimierten Keywords zu schalten.

4. Effizienzsteigerung im Vertrieb

Im Vertrieb zeigt die KI, dass viele potenzielle Kunden nicht weiterverfolgt werden.

- Sie schlägt ein automatisiertes Lead-Scoring vor, um kaufbereite Interessenten sofort zu identifizieren.
- Außerdem empfiehlt sie personalisierte Angebote und automatische Follow-up-Mails, um die Abschlussquote zu erhöhen.

5. Optimierung der Personalgewinnung

Die KI analysiert den Arbeitsmarkt und zeigt, dass die bisherigen Stellenanzeigen nicht die passenden Kandidaten ansprechen.

- Sie schlägt vor, die Anzeigentexte zielgruppengerecht zu überarbeiten und gleichzeitig frühere Bewerber automatisiert erneut zu kontaktieren.
- Zusätzlich empfiehlt die KI den Einsatz von Bewerber-Matching-Tools, um schneller qualifizierte Fachkräfte zu finden.

6. Förderung von Innovationen in Forschung und Entwicklung

Die KI wertet Branchentrends aus und schlägt vor, in den Bereich E-Mobilität einzusteigen.

- Sie empfiehlt, Prototypen digital zu simulieren, bevor kostspielige reale Tests durchgeführt werden.
- Gleichzeitig zeigt sie potenzielle Kooperationspartner für gemeinsame Innovationsprojekte auf.

7. Strukturierung des internen Wissensmanagements

Um internes Wissen effizienter zu nutzen, schlägt die KI den Aufbau eines zentralen Wissensportals vor.

- Sie erstellt automatisch Protokolle aus Meetings und kategorisiert wichtige Unternehmensdokumente.
- Außerdem empfiehlt die KI den Einsatz von Chatbots, um den Mitarbeitern schnellen Zugriff auf Fachwissen zu ermöglichen.

8. Unterstützung in Finanzen und Controlling

Im Finanzbereich zeigt die KI, dass die Betriebskosten durch einen optimierten Materialeinkauf gesenkt werden können.

- Sie erstellt tagesaktuelle Liquiditätsberichte und warnt automatisch vor Budgetüberschreitungen.
- Gleichzeitig schlägt sie eine dynamische Preisstrategie vor, um die Rentabilität zu steigern.

9. Verbesserung des Kundenservices

Im Kundenservice empfiehlt die KI die Einführung eines Chatbots, der häufige Anfragen automatisch beantwortet.

- Zudem schlägt sie eine Sentiment-Analyse vor, um Kundenstimmungen aus Bewertungen und Social-Media-Kommentaren zu erfassen.
- Dadurch kann der Kundenservice gezielt auf Beschwerden reagieren und die Kundenzufriedenheit steigern.

10. Sicherstellung von Rechtssicherheit und Compliance

Zur Minimierung rechtlicher Risiken analysiert die KI bestehende Verträge und hebt kritische Passagen hervor.

- Außerdem empfiehlt sie die Einführung eines automatisierten Compliance-Checks, um sicherzustellen, dass alle regulatorischen Vorgaben eingehalten werden.
- Zusätzlich rät die KI, die Mitarbeiter regelmäßig zu rechtlichen Themen zu schulen.

11. Stärkung des Qualitätsmanagements

Die KI schlägt vor, die Produktionsprozesse mit Sensoren zu überwachen und Qualitätsabweichungen automatisch zu melden.

- Zusätzlich erstellt sie wöchentliche Qualitätsberichte, die Abweichungen dokumentieren und Verbesserungsvorschläge enthalten.

12. Schutz der IT-Infrastruktur und Verbesserung der Datensicherheit

Im Bereich IT-Sicherheit warnt die KI vor potenziellen Angriffspunkten im Netzwerk.

- Sie empfiehlt zum Beispiel die Einführung einer 2-Faktor-Authentifizierung.

Außerdem erstellt sie Pläne mit regelmäßigen Sicherheitsprüfungen sowie die automatische Protokollierung verdächtiger Aktivitäten.

Das Ergebnis ist da – wie geht es weiter?

Die ersten Resultate der KI sind da.

- Während Laien sich über die Schnelligkeit und Detailtiefe wundern,
- stellt sich für Beratungsexperten eine andere Frage:

Kann ich den Ergebnissen vertrauen?

Zweifel und kritische Fragen sind berechtigt - und genau hier setzen wir an.

1. Unsicherheit: Datenschutz und Vertraulichkeit: Sind sensible Daten sicher?

Laura Hoffmann fragt sich:

- Wie schützt die KI Betriebsinterna, Mitarbeiterdaten und andere personenbezogene Informationen?
- Welche Maßnahmen verhindern, dass sensible Daten missbraucht werden oder in falsche Hände geraten?

2. Unsicherheit: Datenintegrität und Vollständigkeit: Ist die Basis der Analyse stabil?

Markus Schmidt prüft kritisch:

- Hat die KI alle relevanten Informationen korrekt erfasst, oder fehlen wichtige Details?
- Wie zuverlässig verarbeitet das Tool unstrukturierte Daten aus Dokumenten oder Gesprächsprotokollen?

3. Unsicherheit: Verständlichkeit der Ergebnisse: Lässt sich die KI-Ausgabe nachvollziehen?

Laura Hoffmann möchte sicherstellen:

- Sind die Auswertungen transparent genug, um die Schlussfolgerungen der KI nachzuvollziehen?
- Werden Handlungsempfehlungen verständlich formuliert und in die betriebliche Praxis übertragbar gemacht?

4. Unsicherheit: Relevanz und Praxisnähe: Treffen die Vorschläge ins Schwarze?

Markus Schmidt stellt sich die Frage:

- Sind die Lösungen auf den spezifischen Fall zugeschnitten, etwa beim Thema Fachkräftemangel oder Prozessoptimierung?
- Adressiert die KI die betrieblichen und organisatorischen Besonderheiten des Unternehmens?

5. Unsicherheit: Haftungsfragen und Verantwortung: Wer trägt das Risiko?

Beide Geschäftsführer sind besorgt:

- Wie geht die KI mit der Zuweisung von Verantwortung um, zum Beispiel bei fehlerhaften Daten oder falschen Empfehlungen?
- Berücksichtigt die KI rechtliche Implikationen, zum Beispiel für KI-Integrations-Ablaufpläne oder Fördermittelanträge?

6. Unsicherheit: Dokumentation und Beweisführung: Sind die Ergebnisse prüfbar?

Laura Hoffmann überprüft:

- Erstellt die KI nachvollziehbare Protokolle, Berichte oder Antragsentwürfe?
- Weist sie auf fehlende Unterlagen hin und hilft, die Dokumentation vollständig und rechtskonform zu halten?

7. Unsicherheit: Rechtliche Konformität: Bleibt die KI innerhalb des gesetzlichen Rahmens?

Markus Schmidt achtet auf die Einhaltung der Vorschriften:

- Beachtet die KI aktuelle Gesetze, zum Beispiel Datenschutz-, Arbeits- oder Wettbewerbsrecht?
- Werden branchenspezifische Vorgaben oder rechtliche Präzedenzfälle in die Analyse einbezogen?

8. Unsicherheit: Prognosen und Empfehlungen: Wie verlässlich sind die Ausblicke?

Laura Hoffmann und Markus Schmidt wollen wissen:

- Wie zuverlässig sind die Vorhersagen der KI, etwa zur Erfolgschance eines Förderantrags oder zur Wirkung von Personalmaßnahmen?
- Unterstützen die Empfehlungen den Beratungsprozess oder bleiben sie zu allgemein?

Von Unsicherheit zu Klarheit – Ihr Weg mit diesem Buch:

Diese Fragen zeigen: Zweifel an KI-Ergebnissen sind nicht nur berechtigt, sondern notwendig. Doch sie lassen sich überwinden. Und genau hier setzt dieses Buch an:

- Sie lernen, **wie Sie KI-Tools sicher und verantwortungsvoll einsetzen** – ohne Ihre Beratungsqualität zu gefährden.
- Sie erfahren, **wie Sie die Ergebnisse der KI hinterfragen, bewerten** und für Ihre Praxis nutzbar machen.
- Sie entwickeln die Kompetenz, **Unsicherheiten zu erkennen** – und sie in fundierte Entscheidungen umzuwandeln.

Lassen Sie uns diese Reise gemeinsam antreten. Schritt für Schritt werden Sie erleben, wie aus Komplexität Klarheit, aus Skepsis Vertrauen – und aus Technologie ein wertvoller Partner für Ihre Beratung wird.

Aus KI = „Kein Interesse“ wird KI = „Kann ich!“

Erste Grundregeln

Zu Beginn des „Weges“ mit KI die **ersten Grundregeln** beachten:

- **Grundregel 1: Sachverhalt anonymisieren**
- **Grundregel 2: Arbeitsweise neu auf KI anpassen**
- **Grundregel 3: Anfragen (Prompts) mit Bedacht wählen.**

Pilotfall verwenden

- **1. Aktion:** Anonymisieren Sie den Sachverhalt wie unten dargestellt,
- **2. Aktion:** legen Sie sich ein **Dokument** bereit, in das Sie die Ergebnisse **eintragen** (zum Beispiel Word, Drive-Cloud etc.), und
- **3. Aktion:** verwenden Sie **unstrukturierte** und **strukturierte Eingabebefehle (Prompts)**

Ziel avisieren: Effektive Prompts erlernen

Ein einfacher Eingabebefehl wie:

- „Wie kann KI konkret zur Lösung der dargestellten Herausforderungen beitragen – von der Prozessoptimierung bis zur Kundenbindung?“

wäre nicht präzise genug und würde Unsicherheiten lassen, da die KI keine spezifischen Vorgaben erhält.

Das Ziel:

Mit der noch später vertieften goldenen Richterpromptregel wird daraus ein komplexer und durchdachter Eingabebefehl, der alle relevanten Aspekte berücksichtigt, zum Beispiel

2. *Unternehmerstrategie-Goldene-Richterregel-Prompt*

Es geht um die betriebswirtschaftliche und organisatorische Klärung der Herausforderungen eines Automobilzulieferbetriebs (= Kontext gegeben):

Die **Hoffmann & Schmidt GmbH**, ein Automobilzulieferer mit **200 Mitarbeitern**, steht vor mehreren kritischen Herausforderungen: Produktionsengpässe durch Personal- und Prozessprobleme, ineffiziente Abläufe in Vertrieb und Marketing sowie wachsende Unzufriedenheit bei Kunden aufgrund von Lieferverzögerungen. Gleichzeitig zeigen sich Defizite im Wissensmanagement, in der Nutzung digitaler Technologien und im strategischen Controlling. Bisherige Maßnahmen, wie die Suche nach Fachkräften über klassische Stellenanzeigen oder die Optimierung von Produktionsprozessen durch manuelle Analysen, waren erfolglos. Die Geschäftsführer Laura Hoffmann und Markus Schmidt haben einen international erfahrenen Unternehmensberater beauftragt, eine umfassende Strategie zu erarbeiten, die mithilfe von **KI-gestützten Lösungen** alle relevanten Unternehmensbereiche abdeckt – von der Prozessoptimierung über den Vertrieb bis zur Kundenbindung. **(= Kontext gegeben)**

Ich bin ein hochrangiger Unternehmensberater, der beauftragt wurde, die Hoffmann & Schmidt GmbH in allen betriebswirtschaftlichen und organisatorischen Herausforderungen zu unterstützen. **(= Rolle beschrieben)** Meine Aufgabe ist es, mithilfe von **KI-gestützten Analysetools** und bewährten Methoden führender Beratungsunternehmen eine **ganzheitliche Unternehmensstrategie** zu entwickeln. Diese muss akute Engpässe beseitigen, ineffiziente Prozesse transformieren und eine langfristige Wettbewerbsstrategie aufbauen. **(= Rolle präzisiert)**

Thematisch geht es um die Optimierung sämtlicher Unternehmensprozesse – von **Personal, Produktion, Vertrieb, Marketing und Kundenservice** bis hin zu **Finanzen, Qualitätsmanagement und IT-Sicherheit**. **(= Thema eingegrenzt)** Das Hauptproblem ist nicht nur der akute Fachkräftemangel, sondern eine allgemeine **Prozessineffizienz** über viele Unternehmensbereiche hinweg, die Lieferzeiten verlängert, Kosten erhöht und die Kundenzufriedenheit mindert. Herkömmliche Maßnahmen haben versagt – es braucht **KI-gestützte Ansätze**, um **schnelle Verbesserungen** und gleichzeitig **nachhaltige Strategien** für eine **zukunftsfähige Unternehmensstruktur** zu schaffen. **(= Problem angesprochen)**

Die zentrale Frage, die die Geschäftsführer Laura Hoffmann und Markus Schmidt beantwortet haben möchten, lautet:

„Wie kann KI konkret zur Lösung der dargestellten Herausforderungen beitragen – von der Prozessoptimierung bis zur Kundenbindung?"

Gehe bei der Analyse davon aus, dass die KI nicht nur kurzfristige Maßnahmen entwickelt, um akute Probleme zu lösen, sondern auch langfristige Strategien, um alle wichtigen Geschäftsbereiche effizienter, zukunftssicher und kundenzentrierter zu gestalten. **(= Aufgabe präzisiert)**

Hierbei sollen:

- **branchenspezifische Netzwerke** und **Bewerberdatenbanken** zur Personalbeschaffung genutzt werden,
- **KI-gestützte Marketingtools** für Kundenakquise und Vertriebserfolge eingesetzt werden,
- **Prozessanalysen** zur Effizienzsteigerung im gesamten Unternehmen erfolgen und
- **automatisierte Berichterstattungs- und Planungsprozesse** zur Unterstützung der Geschäftsleitung implementiert werden. **(= spezifische Informationen gegeben)**

Als ergänzende Information liegt ein Dokument mit den **12 Brennpunkten zur Unternehmensoptimierung** vor.

Die KI kann diese Bereiche als Orientierungspunkte für die Entwicklung ihrer Empfehlungen verwenden.

Das **Ergebnis** soll ein umfassender **Bericht** sein, der:

- **klare Handlungsempfehlungen** für alle relevanten Unternehmensbereiche liefert,
- **akute Sofortmaßnahmen** ebenso wie **langfristige Strategien** beschreibt,
- **automatisierte Prozesse** zur Effizienzsteigerung wie Terminplanung und Berichterstellung berücksichtigt. **(= Aufgabe weiter formuliert)**

Die Handlungsempfehlungen müssen **praxisnah und verständlich** formuliert sein, sodass sie sowohl vom Unternehmensberater als auch von Laura Hoffmann und Markus Schmidt leicht umgesetzt werden können. **(= Format vorgegeben)**

Der Bericht richtet sich an **mich als Unternehmensberater** und an die Geschäftsführer **Laura Hoffmann** und **Markus Schmidt**. Er dient als Grundlage für die **gemeinsame Abstimmung** der nächsten Schritte und die **nachhaltige Weiterentwicklung** des Unternehmens. **(= Zielgruppe geklärt)**

Die KI darf ausschließlich auf Unternehmensdaten der letzten 24 Monate Bezug nehmen, um veraltete Informationen zu vermeiden. Es dürfen keine automatisierten Entscheidungen getroffen werden – die KI liefert nur datenbasierte Empfehlungen. Alle Vorschläge müssen konkret, realistisch und direkt umsetzbar sein. Fachbegriffe sind zu vermeiden, um die Verständlichkeit für alle Beteiligten zu gewährleisten. Datenschutz- und Compliance-Richtlinien müssen strikt eingehalten werden. (**Warnhinweis**)

Jetzt bist du gefragt:

Entwickle auf dieser Basis eine umfassende Strategie und beantworte:

„Wie kann KI konkret zur Lösung der dargestellten Herausforderungen beitragen – von der Prozessoptimierung bis zur Kundenbindung?“

Bessere Ergebnisse gängiger KI-Tools zum Pilotfall mit fortschrittlicher Fragestellung

Damit ist das Ziel beschrieben, das wollen Sie in diesem Buch lernen! Aber zunächst geht es darum,

- das **Grundhandwerkszeug** zu lernen,
- den **Grundwortschatz** sich anzueignen,
- sich an das **Schreiben im Chat** zu gewöhnen,
- mit **Reaktionen** der KI fertig zu werden,
- mit **Werkzeugen** der Tools sich vertraut zu machen und
- weitere Hilfen für den täglichen Umgang mit KI zu erhalten.

6. Schritt: Erste Grundlagen verstehen (Grundwortschatz)

Sie: „Prof. Richter, woher wissen Sie das hier alles über KI?“

Ich: „Ich habe KI gefragt!“

Was sind denn so die **häufigsten Begriffe**, die immer wieder für Verwirrung sorgen?

- KI vs. Google & Co.
- Prompt
- ChatGPT
- LLM (Large Language Model)
- Chatbots
- Agents

- KI halluziniert
- KI haftet nicht
- KI und Datenschutz
- KI und Ethik
- Bias in KI
- Training der KI
- Ethical AI

Mit welcher **Frage** (Prompt) habe ich KI zu den ersten KI-Begriffen gefragt?

3. KI-Grundwortschatz-Erklärungs-Interview-Stil-Prompt

Simuliere ein Interview zwischen den beiden Geschäftsführern **Laura Hoffmann und Markus Schmidt**, die gemeinsam die **Hoffmann & Schmidt GmbH** leiten (= **Kontext gegeben**), und den erfahrenen Unternehmensberatern **Hanna Herz und Klemens Klug.**[3] (= **Rollen definiert**)

Laura und Markus stehen vor der Herausforderung, dass in ihren Gesprächen zur Einführung von KI-gestützten Lösungen ständig Begriffe wie **Prompt**, **ChatGPT**, **LLM**, **Chatbots**, **Agents** und viele weitere aus der Welt der Künstlichen Intelligenz auftauchen (= **Ausgangspunkt des Problems beschrieben**). Da sie die Zusammenhänge noch nicht vollständig erfassen, bitten sie Hanna Herz und Klemens Klug um eine verständliche Erklärung dieser Begriffe und deren Nutzen für ihr Unternehmen. (= **Problem angesprochen**)

Hanna Herz und Klemens Klug sind erfahrene Unternehmensberater mit Schwerpunkt **digitale Transformation**. Sie setzen in ihrer täglichen Arbeit regelmäßig **KI-Tools** zur Prozessoptimierung, Datenanalyse und Kundenkommunikation ein. Ihre Aufgabe ist es, Laura und Markus die wichtigsten Begriffe aus der KI-Welt so

3 Diese beiden kennen wir aus der Publikation „KI-Betriebsberater/in werden in 14 Tagen!"

zu erklären, dass diese leicht verständlich sind und die Geschäftsführer künftig sicher in strategischen Gesprächen und Entscheidungsprozessen anwenden können. (= **Aufgabe formuliert**)

Thematisch geht es um die **Grundlagen der KI und deren Begriffe**, die für eine erfolgreiche Digitalisierung der **Hoffmann & Schmidt GmbH** relevant sind. Dazu gehört, wie diese Technologien praktisch in den Bereichen **Produktion, Vertrieb, Kundenservice und Controlling** eingesetzt werden können. (= **Thema eingegrenzt**)

Bitte zeige auf:

- wie **Hanna Herz und Klemens Klug** alle relevanten Begriffe **kurz, klar und praxisnah** erklären, (= **spezifische Anforderungen an den Inhalt**)
- wie die Erklärungen **mit Humor und Witz** gestaltet werden, um die Inhalte **anschaulich und einprägsam** zu machen, ohne den **fachlichen Tiefgang** zu verlieren, (= **Stil und Ziel definiert**)
- wie die Antworten so formuliert werden, dass sie auch für **Geschäftsführer ohne technisches Vorwissen** verständlich, lehrreich und unmittelbar auf ihr Unternehmen übertragbar sind. (= **Zielgruppe berücksichtigt**)

Ein Ergebnis von KI könnte wie folgend lauten:

KI-Grundwortschatz-Erklärungs-Interview-Stil „KI-Wissen für Unternehmer – Laura und Markus fragen, Hanna und Klemens erklären“

Szene: *In einem modernen Konferenzraum bei der Hoffmann & Schmidt GmbH. Die Geschäftsführer* ***Laura Hoffmann*** *und* ***Markus Schmidt*** *sitzen mit den erfahrenen Unternehmensberatern* ***Hanna Herz*** *und* ***Klemens Klug*** *zusammen. Thema: Wie KI ihr Unternehmen effizienter machen kann. Auf der Präsentationswand steht groß: „KI-Grundlagen – Von Prompt bis RAG“. Das Gespräch beginnt.*

Klemens Klug: „Willkommen, Frau Hoffmann, Herr Schmidt! Schön, dass wir heute gemeinsam in die Welt der KI eintauchen. Wie läuft es aktuell im Unternehmen?"

Laura Hoffmann: „Danke, Herr Klug! Wir haben viele Ideen – aber auch viele Fragezeichen. Wir hören ständig Begriffe wie *Prompt*, *LLM*, *ChatGPT*, *Chatbots*, *Agents* und mehr. Können Sie uns erklären, was das alles bedeutet – aber bitte so, dass wir es in unseren Alltag übertragen können?"

Klemens Klug: „Natürlich, Frau Hoffmann, Herr Schmidt! Wir machen das locker, praxisnah – und mit einer Prise Humor. Schließlich soll es ja nicht nur hängen bleiben, sondern auch Spaß machen!"

Markus Schmidt: „Super, dann legen wir los! Ist KI eigentlich dasselbe wie Google?"

1. Begriff: KI vs. Google

Hanna Herz: „Herr Schmidt, tolle Frage! Google ist wie eine riesige Bibliothek, in der Sie selbst nach Informationen suchen. KI – zum Beispiel *ChatGPT* – ist dagegen wie ein **hochintelligenter Bibliothekar.** Er sucht nicht nur die Bücher, sondern fasst die Inhalte für Sie zusammen – maßgeschneidert und verständlich."

Klemens Klug: „Kurz gesagt: *Google gibt Ihnen Links. KI gibt Ihnen Antworten.*"

2. Begriff: Prompt

Laura Hoffmann: „Und was genau ist ein Prompt?"

Klemens Klug: „Ein Prompt ist die Anweisung, die Sie der KI geben – quasi Ihre Bestellung. Wenn Sie der KI sagen: ***‚Erstelle eine personalisierte Vertriebsstrategie für unsere Automobilkunden‘,*** dann ist das der Prompt."

Hanna Herz: „Stellen Sie sich den Prompt wie eine **Bestellung im Restaurant** vor: Je genauer Sie sagen, was Sie wollen, desto besser wird das Ergebnis. ‚Ein Steak‘ ist vage. ‚Ein medium-rare Steak mit Rosmarinkartoffeln‘ bringt Ihnen genau das, was Sie erwarten."

3. Begriff: Chat

Markus Schmidt: „Und was bedeutet dann Chat?“

Hanna Herz: „Ein Chat ist einfach ein Gespräch – aber mit der KI. Sie schreiben, die KI antwortet. Es ist wie ein Dialog mit einem Kollegen, der immer Zeit hat, nie müde wird und sich an alles erinnert, was Sie gesagt haben.“

Klemens Klug: „Oder noch besser: Es ist **wie eine WhatsApp-Gruppe**, in der nur einer schreibt – aber dieser eine weiß alles, hat immer Zeit und verliert nie die Geduld.“

4. Begriff: ChatGPT

Laura Hoffmann: „ChatGPT hören wir ständig – was genau ist das?“

Klemens Klug: „ChatGPT ist das Herzstück vieler KI-Anwendungen. Der Name steht für *‚Generative Pre-trained Transformer‘* – aber keine Sorge, das müssen Sie sich nicht merken. Denken Sie an ihn wie an einen *hochintelligenten Assistenten*, der in Sekundenschnelle Berichte erstellt, Kundenanfragen beantwortet oder Ihre Marketingtexte formuliert.“

Hanna Herz: „Kurz gesagt: ChatGPT ist der ***Rockstar unter den KI-Modellen*** – und besonders wertvoll, wenn Sie Vertriebsanalysen, Produktionsberichte oder Kundenanschreiben in Rekordzeit erstellen wollen.“

5. Begriff: LLM (Large Language Model)

Markus Schmidt: „Und was steckt hinter LLM? Das hören wir auch oft.“

Hanna Herz: „LLM steht für *‚Large Language Model“*. Das ist das technische Fundament von ChatGPT. Stellen Sie sich ein riesiges Gehirn vor, trainiert mit Milliarden von Texten, das Ihnen hilft, fast jede Frage zu beantworten.“

Klemens Klug: „Ein LLM ist wie ein ***Superhirn***, das nie aufhört zu lernen – aber ohne den Druck, jemals Prüfungen bestehen zu müssen.“

6. Begriff: Chatbots

Laura Hoffmann: „Sind Chatbots dasselbe wie ChatGPT?“

Hanna Herz: „Nicht ganz. Chatbots sind wie kleine digitale Helfer, die für eine ganz bestimmte Aufgabe trainiert wurden – etwa Kundenfragen beantworten oder Bestellungen aufnehmen.“

Klemens Klug: „Stellen Sie sich einen Chatbot wie einen ***Werkzeugkasten*** vor – eine Zange für eine Aufgabe, ein Hammer für eine andere. ChatGPT dagegen ist ein *Multitool*, das fast alles kann.“

7. Begriff: Agents

Markus Schmidt: „Und was sind dann Agents?“

Hanna Herz: „Agents sind wie *digitale Mitarbeiter*, die selbstständig komplexe Aufgaben erledigen – etwa eine Bewerberdatenbank durchsuchen, Kandidaten vorschlagen und automatisch Vorstellungstermine ansetzen.“

Klemens Klug: „Ein Agent ist wie ein ***digitaler Assistent auf Steroiden***: Er denkt mit, arbeitet autonom und hält Ihnen immer den Rücken frei.“

8. Begriff: KI halluziniert

Laura Hoffmann: „Ich habe gehört, KI kann halluzinieren. Was bedeutet das?“

Hanna Herz: „Eine KI halluziniert, wenn sie *Quatsch erzählt*. Zum Beispiel, wenn Sie fragen: ‚Wann wurde Hoffmann & Schmidt gegründet?‘, und die KI antwortet: ‚Im Jahr 1850‘ – obwohl Sie erst 1995 gestartet haben.“

Klemens Klug: „Das passiert, wenn die KI aus ihrem Trainingswissen schöpft und rät. Deshalb gilt: ***Vertrauen ist gut, Kontrolle ist Pflicht.***“

9. Begriff: KI haftet nicht

Markus Schmidt: „Und wer haftet, wenn die KI Fehler macht?“

Klemens Klug: „Die KI haftet nicht – *Sie haften!* Wenn die KI falsche Vertragsklauseln vorschlägt oder fehlerhafte Zahlen in einen Finanzbericht einfügt, liegt die Verantwortung bei Ihnen."

Hanna Herz: „Deshalb nennen wir es **‚Mensch in der Schleife'** – die letzte Entscheidung trifft immer ein Mensch."

10. Begriff: KI und Datenschutz

Laura Hoffmann: „Datenschutz ist uns sehr wichtig. Wie passt KI da rein?"

Hanna Herz: „KI ist kein Datenschutzproblem – *falscher Umgang mit KI* ist das Problem. Wenn Sie Ihre Daten gut schützen und kontrollieren, was die KI verarbeitet, bleibt alles sicher."

Klemens Klug: „Sehen Sie die KI wie einen **neugierigen Elefanten**. Sie müssen klare Regeln setzen, wo er hindarf – und wo nicht."

11. Begriff: KI und Ethik

Markus Schmidt: „Und wie steht es um die Ethik? Dürfen wir alles, was technisch möglich ist?"

Hanna Herz: „Technisch ja. Moralisch – das ist die Frage. Sollen wir eine KI entscheiden lassen, wen wir einstellen? Wir sagen: *Nein.* Technologie soll unterstützen – *nicht urteilen.*"

Klemens Klug: „Deshalb sprechen wir von ***‚Ethical AI'*:** Transparenz, Fairness und Verantwortung. Immer."

12. Begriff: Bias in KI

Laura Hoffmann: „Und was ist mit Bias? Das ist doch ein großes Thema, oder?"

Hanna Herz: „Absolut. *Bias* bedeutet, dass die KI voreingenommen ist – zum Beispiel, wenn sie **nur männliche Kandidaten** vorschlägt, weil sie aus alten, einseitigen Daten gelernt hat."

Klemens Klug: „Deshalb trainieren wir KI-Modelle so, dass sie nicht nur klug, sondern auch *fair* sind."

13. Begriff: Training der KI

Markus Schmidt: „Und wie wird eine KI eigentlich trainiert?"

Hanna Herz: „Durch *Daten, Daten, Daten*! Die KI liest Millionen von Texten und lernt daraus, Muster zu erkennen."

Klemens Klug: „Aber: Je besser die Trainingsdaten, die Markus und Laura der KI zur Verfügung stellen, desto besser die KI. Mit schlechtem Training wird sie – **wie jeder Lehrling** – einfach schlecht arbeiten."

14. Begriff: RAG (Retrieval-Augmented Generation)

Laura Hoffmann: „RAG haben wir auch gehört – was ist das?"

Hanna Herz: „RAG ist wie eine ***KI mit Nachschlagewerk.*** Sie nutzt nicht nur ihr gespeichertes Wissen, sondern sucht in Echtzeit nach aktuellen Informationen – zum Beispiel zu neuen Markttrends."

Klemens Klug: „Mit RAG kann die KI nicht nur *klug*, sondern auch *aktuell* antworten – eine perfekte Kombination."

Laura Hoffmann: „Wow, das war aufschlussreich! Jetzt fühlen wir uns gewappnet, um KI in unserem Unternehmen sinnvoll einzusetzen."

Markus Schmidt: „Genau – und wir wissen jetzt: KI ist kein Ersatz, sondern unser *bester digitaler Kollege.*"

Hanna Herz: „So ist es, Herr Schmidt. KI kann viel – aber am wertvollsten ist sie, wenn *kluge Unternehmer* wie Sie sie richtig einsetzen."

Klemens Klug: „Willkommen in der Zukunft der Unternehmensführung – *powered by KI*!"

Diese Begriffe bieten einen Einstieg in die Welt der KI und helfen, die grundlegenden Konzepte und Herausforderungen zu verstehen.

Jetzt geht es aber an **praktische Übungen**:

7. Schritt: Erste Prompts formulieren

In diesem Schritt geht es darum, die ersten grundlegenden Prompts zu erlernen, um die Interaktion mit der KI erfolgreich zu gestalten. Gerade für Einsteiger ist es wichtig zu verstehen, wie man die KI effektiv nutzen kann.

Es handelt sich trotz ihrer **Einfachheit** um sehr mächtige, wirkungsvolle, also **Mega-Prompts,** die darauf ausgelegt sind, **den Einstieg zu erleichtern und eine solide Basis für die weitere Nutzung zu schaffen.**

Überblick über Einsteiger-Prompts

- 1. Stell-mir-Fragen-Prompt
- 2. Wie-kannst-du-mir-helfen-Prompt
- 3. Umkehr-Gutes-Ergebnis-Prompt
- 4. Interview-Prompt
- 5. Wesentliche-Merkmale-Prompt
- 6. Leitfaden-Prompt
- 7. Muster-Prompt

Ich werde immer wieder gefragt, **was die ersten Fragen an ein KI-Tool sein sollten,** wenn man noch gar keine Erfahrung hat.

Stellen Sie sich unsere **Geschäftsführer Laura Hoffmann und Markus Schmidt** vor, die gemeinsam mit Ihnen eine Aufgabe für die Hoffmann & Schmidt GmbH lösen möchten. Wie gehen Sie vor?

Es gelten die **allgemeinen Kommunikationsregeln** wie mit Menschen:

- Zuerst müssen Sie herausfinden, **was die Person schon weiß** (hier die **KI**!).

- Dann sollten Sie Ihr eigenes Wissen teilen (das des **Fragenden**!).
- Die **KI hat besondere Fertigkeiten**, sodass es nun darauf ankommt, diese beiden Informationsbereiche zu kombinieren, um das Beste daraus zu machen.

Dabei geht die KI mit **Wahrscheinlichkeits-Berechnungen** vor, was ich nur ganz kurz an diesem Beispiel zeigen will: Bitten Sie doch mal jemanden, diese Sätze zu vervollständigen:

- **„Ich war noch niemals in …"**
- **„Deutschlands Bundeskanzlerin war mal Angela …"**

Sie haben bestimmt gemerkt, dass Ihnen Ihr Gehirn Worte vorschlägt („New York", „Merkel"). Nach diesem System funktioniert auch ein LLM.

Lassen Sie uns das nun üben und an **praktischen Beispielen** sehen:

Hier sind einige allgemein **verwendbare Einsteiger-Prompts** für den allerersten Umgang mit KI.

1. Einsteiger-Prompt: KI Fragen stellen lassen

> ***4. Stell-mir-Fragen-Prompt***
>
> Ich bin Geschäftsführer eines Automobilzulieferers[4] und möchte lernen, wie wir KI in unserem Unternehmen effektiv einsetzen können.
>
> **Welche Fragen musst du mir stellen, um unsere Herausforderungen zu verstehen und maßgeschneiderte Lösungen für unsere Geschäftsprozesse zu entwickeln?**

Dieser Prompt hilft dabei, die Bedürfnisse und das Wissen der Geschäftsführung zu erfassen, um passgenaue Strategien für den Einsatz von KI im Unternehmen zu entwickeln.

---

*4 Datenschutzhinweis: Den wirklichen Unternehmensnamen **„Hoffmann & Schmidt GmbH"** bitte nur in datenschutzgerechten KI-Tools eingeben, wie zum Beispiel Langdock.*

Ein Beispiel:

Stellen Sie sich vor, Sie unterstützen die Hoffmann & Schmidt GmbH, einen Automobilzulieferer mit 200 Mitarbeitern, der mit Produktionsengpässen, Fachkräftemangel und ineffizienten Vertriebsprozessen zu kämpfen hat.

Mit diesem Prompt kann die KI gezielte Fragen stellen, um alle relevanten Details – wie betriebliche Abläufe, Marktsegmente und Prozessoptimierungsziele – zu erfassen und passgenaue, unternehmerische Lösungen zu erarbeiten.

2. Einsteiger-Prompt: KI fragen, wie sie einem helfen kann

5. Wie-kannst-du-mir-helfen-Prompt

Ich bin Geschäftsführer der Hoffmann & Schmidt GmbH und möchte erfahren, wie wir KI einsetzen können, um unser Unternehmen effizienter zu gestalten.

Wie kannst du uns dabei helfen?

Dieser Prompt zeigt, wie die KI konkrete Unterstützung bieten kann, um Geschäftsprozesse zu optimieren und messbare Ergebnisse zu erzielen.

Ein Beispiel:

Sie könnten die KI fragen, wie sie Ihnen helfen kann, Produktionsprozesse zu automatisieren, Vertriebsdaten effizienter auszuwerten und den Kundenservice zu verbessern. Die KI könnte Ihnen dann Strategien und Werkzeuge vorschlagen, die Engpässe reduzieren, den Umsatz steigern und die Kundenzufriedenheit erhöhen.

3. Einsteiger-Prompt: KI ein fertiges Ergebnis geben und fragen, welcher Prompt dazu wohl geführt hat

6. Umkehr-Gutes-Ergebnis-Prompt

Ich bin Geschäftsführer der Hoffmann & Schmidt GmbH und habe bereits einen erfolgreichen Plan entwickelt, der unsere Produktion effizienter gemacht und die Engpässe reduziert hat.

Nun möchte ich wissen: **Wenn ich die KI gebeten hätte, genau diesen Plan zu erstellen – wie hätte ihr Prompt ausgesehen?**

Dieser Prompt hilft Ihnen zu verstehen, **wie die KI Ihre Denkweise nachvollziehen** und in klare, wiederholbare Eingaben umsetzen würde. So können Sie künftig **komplexe Fragestellungen präzise formulieren** und die **Qualität der KI-Ergebnisse** steigern.

Ein Beispiel:

Sie haben durch eine clevere Strategie die Produktionszeiten um 20 Prozent verkürzt, indem Sie Schichtpläne automatisiert und Lieferketten optimiert haben.

Mit diesem Prompt kann die KI rückwärts analysieren:

- **welche Fragen sie gestellt hätte**, um Ihre Engpassanalyse zu erstellen,
- **welche Parameter sie berücksichtigt hätte**, um eine Schichtoptimierung vorzuschlagen, und
- **wie ihr Prompt formuliert gewesen wäre**, um ein so treffsicheres Ergebnis zu liefern.

Das Ergebnis: **Sie erhalten eine Blaupause für perfekte Prompts**, die Sie künftig in anderen Geschäftsbereichen – etwa im **Vertrieb**, im **Kundenservice** oder im **Controlling** – anwenden können.

4. Einsteiger-Prompt: Mit KI ein Interview beginnen

7. Interview-Prompt

Ich bin Geschäftsführer der Hoffmann & Schmidt GmbH und möchte lernen, wie wir KI gezielt einsetzen können, um unsere Geschäftsprozesse – von der Produktion bis zum Vertrieb – zu optimieren.

Bitte führe mit mir ein Interview, in dem ich Schritt für Schritt entdecke, wie KI uns helfen kann, effizientere Prozesse, bessere Kundenanalysen und fundierte Entscheidungen zu erzielen.

Durch ein Interview-Format kann die KI gezielt Fragen stellen, um die Potenziale im Unternehmen aufzudecken und den Lernprozess interaktiv und praxisnah zu gestalten.

Ein Beispiel:

Die KI könnte fragen:

- „Welche konkreten Herausforderungen erleben Sie aktuell in der Produktion oder im Vertrieb?"
- „Wo sehen Sie den größten Zeitverlust im Tagesgeschäft?"
- „Welche Kennzahlen nutzen Sie derzeit für Ihre Geschäftsentscheidungen?"

Diese Fragen lenken das Gespräch wie in einem **Mentoring-Gespräch**, sodass Sie Ihre **Ziele klar definieren**, **blinde Flecken erkennen** und **maßgeschneiderte KI-Strategien** für Ihr Unternehmen entwickeln.

5. Einsteiger-Prompt: Sich die wesentlichen Bestandteile und Merkmale erarbeiten lassen

8. Wesentliche-Merkmale-Prompt

Ich bin Geschäftsführer der Hoffmann & Schmidt GmbH und möchte lernen, wie wir KI gezielt einsetzen können, um unsere Unternehmensprozesse effizienter zu gestalten.

Was sind die wesentlichen Bestandteile und Merkmale eines guten Umgangs mit KI, um unsere Produktion, unseren Vertrieb und unseren Kundenservice nachhaltig zu optimieren?

Dieser Prompt hilft Ihnen, die **zentralen Erfolgsfaktoren** im Umgang mit KI zu identifizieren und zu verstehen, was nötig ist, um die Technologie gewinnbringend ins Unternehmen einzuführen.

Ein Beispiel:

Sie könnten die KI bitten, eine Liste der **Schlüsselfähigkeiten** und **Best Practices** zu erstellen, die notwendig sind, um KI erfolgreich in Ihrem Unternehmen einzusetzen. Darunter:

- **Präzises Prompten:** Wie Sie der KI die richtigen Fragen stellen, um verlässliche Antworten zu erhalten.
- **Datenkompetenz:** Verständnis, wie Sie Produktions- oder Vertriebsdaten für die KI aufbereiten.
- **Prozessintegration:** Wie Sie KI in bestehende Workflows, zum Beispiel zur Kundenanalyse oder Produktionsplanung, einbauen.
- **Datenschutz:** Wichtige Richtlinien zum sicheren Umgang mit sensiblen Kunden- und Unternehmensdaten.
- **KI-Controlling:** Wie Sie die Ergebnisse der KI prüfen und deren Qualität sicherstellen.

Mit diesen **Best Practices** schaffen Sie die Grundlage, um **KI strategisch, sicher und effektiv** in Ihrem Unternehmen einzusetzen – genau wie ein erfolgreicher Unternehmer, der seine **digitalen Ressourcen klug steuert und optimal nutzt**.

6. Einsteiger-Prompt: Sich einen Leitfaden machen lassen

> ***9. Leitfaden-Prompt***
>
> Ich bin Geschäftsführer der Hoffmann & Schmidt GmbH und möchte lernen, wie wir KI gezielt einsetzen können, um unser Unternehmen effizienter zu machen.
>
> **Welcher Schritt-für-Schritt-Leitfaden kann uns dabei helfen?**
>
> **Erstelle mir aus den gerade zusammengetragenen wesentlichen Bestandteilen des richtigen Umgangs mit KI eine klare Anleitung mit logischen Schrittabfolgen,**

die uns als Leitfaden für die Einführung und Nutzung von KI im Unternehmen dient.

Der Leitfaden soll uns **direkt durch den Prozess der Anwendung von KI** führen und uns **mit gezielten Fragen und Hinweisen** unterstützen, die im Leitfaden ausdrücklich sichtbar sind.

Ein Leitfaden bietet eine strukturierte und klare Anleitung, die den Lernprozess systematisch unterstützt.

Ein Beispiel: Die KI könnte Ihnen einen **detaillierten Plan** liefern, der Sie Schritt für Schritt durch die Integration von KI in Ihre Geschäftsprozesse führt, zum Beispiel:

- **Schritt 1: Analysieren Sie Ihre Unternehmensziele:** *Wo genau wollen Sie KI einsetzen? In der Produktion, im Vertrieb oder im Kundenservice?*
- **Schritt 2: Identifizieren Sie die größten Engpässe:** *Gibt es Verzögerungen in der Lieferkette oder ineffiziente Prozesse im Vertrieb?*
- **Schritt 3: Suchen Sie nach spezifischen Daten oder Ressourcen, die für die KI-Arbeit notwendig sind:** *Haben Sie zum Beispiel Bestelldaten oder Kundenfeedbacks, die die KI analysieren kann?*
- **Schritt 4: Testen Sie verschiedene KI-Tools:** *Welche Tools sind für Ihre Branche geeignet – zum Beispiel Chatbots für den Support oder Predictive Analytics für die Produktion?*
- **Schritt 5: Integrieren Sie die KI-Prozesse schrittweise:** *Starten Sie mit einem Pilotprojekt, zum Beispiel in der Lieferkettenoptimierung.*
- **Schritt 6: Kontrollieren und optimieren Sie die Ergebnisse:** *Welche KPIs können Ihnen zeigen, dass die KI wirklich Ihre Effizienz steigert?*
- **Schritt 7: Skalieren Sie** die erfolgreich getesteten Prozesse auf weitere Unternehmensbereiche.

Mit diesem Leitfaden haben **Laura Hoffmann** und **Markus Schmidt** eine **klare Roadmap**, um **KI gezielt, strukturiert und ergebnisorientiert** im Unternehmen einzusetzen.

7. Einsteiger-Prompt: Muster für bestimmte Aufgaben erstellen lassen

10. Muster-Prompt

Ich bin Geschäftsführer der Hoffmann & Schmidt GmbH und möchte lernen, wie wir KI gezielt in unserem Unternehmen einsetzen können.

Nimm die bisher erarbeiteten wesentlichen Merkmale und den Leitfaden zum Erlernen von KI.

Erstelle mir ein **Formular** für das Kennenlernen und den Einsatz von KI, das wir für verschiedene Geschäftsbereiche – von der Produktion über den Vertrieb bis zum Controlling – immer wieder verwenden können.

Das Formular soll uns helfen, **systematisch und strukturiert** zu arbeiten und KI-Projekte konsistent zu dokumentieren.

Bitte füge zu jedem Thema und Unterpunkt Folgendes hinzu:

- **Einleitungssätze**, die den Zweck des Abschnitts erklären.
- **Thematisch passende Untergliederungen**, die den Ablauf strukturieren.
- **Übergangssätze**, die logisch von einem Punkt zum nächsten leiten.
- **Abschlusssätze**, die das Thema abrunden.
- **Leitfragen**, die uns helfen, jedes Muster vollständig zu durchdenken.
- **Praxistipps**, worauf wir bei jedem Punkt besonders achten sollten.

Dieser Prompt unterstützt die Erstellung eines **flexiblen und wiederverwendbaren Formulars**, das uns hilft, **KI-Projekte in verschiedenen Unternehmensbereichen** – wie **Produktionsplanung, Vertrieb oder Kundenservice** – effizient und konsistent zu dokumentieren.

Ein Beispiel:

Wenn wir regelmäßig **Optimierungsberichte für unsere Produktion** erstellen müssen, kann dieses Formular helfen, eine **einheitliche Vorgehensweise** zu entwickeln, die konsistente und qualitativ hochwertige Ergebnisse liefert.

So schaffen **Laura Hoffmann** und **Markus Schmidt** eine **skalierbare Grundlage**, um **KI-Projekte professionell, nachvollziehbar und reproduzierbar** in der gesamten **Hoffmann & Schmidt GmbH** umzusetzen.

8. Schritt: Erste Bedienung meistern

Im Umgang mit KI-Tools in Ihrem Unternehmen – sei es zur Produktionsanalyse, Vertriebsoptimierung oder Kundenbetreuung – können verschiedene Herausforderungen auftreten.

Hier ist eine Liste häufiger Probleme, passende Reaktionen und konkrete Prompts, die Sie verwenden können. Diese Übersicht hilft Ihnen, souverän mit der KI zu arbeiten und produktive Ergebnisse zu erzielen.

Überblick über Probleme und Herausforderungen

- KI bleibt stehen.
- KI meldet zu viele Anfragen.
- KI liefert unzuverlässige oder falsche Informationen.
- KI halluziniert.
- KI gibt mehrere Varianten zur Auswahl.

1. Problem: KI bleibt stehen

Problem: Die KI reagiert nicht mehr oder scheint eingefroren zu sein.

Reaktion:

- **Überprüfen Sie Ihre Internetverbindung und starten** Sie das KI-Tool neu.
- Wenn das Problem weiterhin besteht, versuchen Sie es zu einem späteren Zeitpunkt erneut, da zum Beispiel KI in Europa nachmittags „gefühlt" von den US-amerikanischen Nutzern stark frequentiert wird und daher langsamer zu sein scheint und mit kurzen Antworten den User abspeist, oder
- kontaktieren Sie den Support des KI-Tools.
- Seite schließen und neu laden.
- Erwägen Sie ein Upgrade auf eine leistungsfähigere (zumeist teurere) Version des KI-Tools mit weniger Beschränkungen bei den Anfragen.

Geben Sie folgende Prompts ein:

11. KI-Anstoß-Prompts

- Bitte weiter.
- Könntest du bitte fortfahren.
- Kannst du die Antwort freundlicherweise noch vervollständigen?

Beispiel aus Ihrem Unternehmenskontext:

Sie haben die KI gebeten: „Erstelle eine Produktionsanalyse für unser Werk Stuttgart mit Fokus auf Engpässe und Einsparpotenziale." – Doch die Antwort bleibt plötzlich aus.

- Mit den oben genannten Maßnahmen und Prompts können Sie schnell eine Fortsetzung oder Lösung erhalten.

Mit dieser Übersicht sind **Laura Hoffmann** und **Markus Schmidt** bestens gerüstet, um Herausforderungen im Umgang mit KI-Tools souverän zu meistern – sei es in der Produktionsplanung, im Vertrieb oder im Kundenservice.

2. Problem: KI sagt, man habe zu viele Anfragen gestellt

Problem: Die KI gibt an, dass zu viele Anfragen in kurzer Zeit gestellt wurden.

Reaktion:

- **Reduzieren** Sie die Anzahl der Anfragen und geben Sie der KI etwas Zeit, um zu verarbeiten.
- Üben Sie **präziseres Prompten**, damit nicht so viele Anfragen notwendig sind.
- Überprüfen Sie, ob es eine **Beschränkung** der Anfragen pro Stunde oder Tag gibt.
- Erwägen Sie ein **Upgrade** auf einen teureren Account mit weniger Beschränkungen.

Geben Sie folgende Prompts ein:

12. KI-Mengenüberschreitungs-Prompts

- Wie viele Anfragen kann ich pro Stunde stellen?
- Gibt es eine Begrenzung für die Anzahl der Anfragen?
- Bitte nenne mir die Nutzungsbeschränkungen für dieses KI-Tool.

Beispiel aus Ihrem Unternehmenskontext:

Laura Hoffmann hat die KI gebeten: „Analysiere unsere Vertriebsdaten der letzten 5 Jahre und identifiziere die 3 umsatzstärksten Kundengruppen." Nach mehreren Abfragen meldet die KI: „Zu viele Anfragen in kurzer Zeit."

- Um effizient weiterzuarbeiten, überprüft sie die Anfragenlimits und passt die Abfragen an. Parallel prüft Markus Schmidt, ob ein Upgrade auf die Unternehmensversion sinnvoll ist, um zukünftige Arbeitsabläufe nicht zu unterbrechen.

Mit diesem Vorgehen sichern Laura Hoffmann und Markus Schmidt eine reibungslose Nutzung der KI-Tools und können auch umfangreiche Analysen effizient durchführen.

3. Problem: KI liefert unzuverlässige oder falsche Informationen

Problem: Die KI gibt Antworten, die offensichtlich falsch oder ungenau sind.

Reaktion:

- **Verifizieren** Sie die Informationen mit zusätzlichen Quellen.
- **Stellen Sie klarere oder detailliertere Prompts**, um präzisere Antworten zu erhalten.
- **Nutzen Sie die KI als Unterstützung**, aber verlassen Sie sich nicht ausschließlich auf ihre Aussagen.
- **Erwägen Sie den Einsatz spezialisierter KI-Tools**, zum Beispiel für Finanzanalysen oder Marktprognosen.

Prompts zur Überprüfung der KI-Antworten:

13. KI-Überprüfungs-Prompts

- Bitte überprüfe die Richtigkeit dieser Information.
- Kannst du diese Information mit Quellen belegen?
- Erkläre detaillierter.
- Welche Quellen hast du für diese Antwort verwendet?

Beispiel aus Ihrem Unternehmenskontext:

Markus Schmidt fragt die KI: „Wie haben sich die Rohstoffpreise für Aluminium im letzten Jahr entwickelt?“ Die KI liefert jedoch veraltete Daten.

- Um die Antwort zu validieren, ergänzt er den Prompt: „Bitte überprüfe die Richtigkeit dieser Information und gib die Quelle an.“
- Parallel verifiziert Laura Hoffmann die Angaben über eine Branchenplattform. Durch diese Arbeitsweise nutzen sie die KI effektiv als Unterstützung, bleiben aber selbst in der Verantwortung für die finalen Entscheidungen.

Dieses Vorgehen sichert, dass **Laura Hoffmann** und **Markus Schmidt** die **KI-Ergebnisse kritisch prüfen** und deren

Potenziale optimal für die **strategische Unternehmensführung** nutzen.

4. Problem: KI halluziniert

Problem: Die KI liefert erfundene, unsinnige oder offensichtlich falsche Antworten, die keinen Bezug zur Realität haben.

Maßnahmen zur Problemlösung:

- **Präzise Prompts:** Formulieren Sie Ihre Fragen klar und eindeutig. Vage Anfragen führen häufig zu fehlerhaften Ergebnissen.
- **Kritische Prüfung:** Hinterfragen Sie die Antworten und prüfen Sie deren Plausibilität.
- **Tool-Auswahl:** Ziehen Sie alternative oder spezialisierte KI-Tools heran, die für den spezifischen Anwendungsfall zuverlässiger sind.

Prompts zur Korrektur von Halluzinationen:

14. KI-Anti-Halluzinations-Prompts

- Kannst du das noch mal überdenken und genauer erklären?
- Bitte gib mir eine präzisere Antwort.
- Korrigiere bitte die vorherige Antwort.
- Bitte erkläre, wie du zu dieser Schlussfolgerung gekommen bist.

Beispiel aus Ihrem Unternehmenskontext:

Laura Hoffmann fragt die KI: „Wann wurde die Hoffmann & Schmidt GmbH gegründet?" Die KI antwortet: „Im Jahr 1856." – was offensichtlich falsch ist.

- Laura reagiert kritisch: „Bitte erkläre, wie du zu dieser Schlussfolgerung gekommen bist."
- Zusätzlich passt Markus Schmidt den Prompt an: „Gib bitte die Gründungsinformationen auf Basis öffentlicher Handelsregister an."

So lernen **Laura Hoffmann** und **Markus Schmidt**, durch **klare Prompts und kritisches Nachfragen** die **KI-Qualität zu sichern,** und erhalten **verlässliche Ergebnisse für ihre Unternehmensentscheidungen.**

5. Problem: KI gibt mehrere Varianten zur Auswahl

Problem: Die KI liefert mehrere mögliche Antworten oder Varianten.

Reaktion:

- **Prüfen Sie alle vorgeschlagenen Varianten sorgfältig** und wählen Sie diejenige aus, die am besten zu Ihrem Kontext passt.
- **Bitten Sie die KI um zusätzliche Details oder Beispiele** zu den verschiedenen Varianten, um eine fundierte Entscheidung zu treffen.
- **Fragen Sie die KI nach einer Empfehlung,** basierend auf Ihrer Unternehmenssituation.

Geben Sie folgende Prompts ein:

15. KI-Varianten-Auswahl-Prompts

- Kannst du die Varianten näher erläutern?
- Welche Variante würdest du in diesem Fall empfehlen und warum?
- Bitte gib Beispiele für jede der vorgeschlagenen Varianten.
- Ich kann keinen Unterschied feststellen, bitte nimm aus beiden Varianten die aussagekräftigsten Inhalte und füge sie zu einer einheitlichen Variante zusammen.

Beispiel aus Ihrem Unternehmenskontext:

Laura Hoffmann bittet die KI: *„Erstelle eine Formulierung für unsere Kundenbenachrichtigung über neue Lieferzeiten."*

Die KI liefert 2 Varianten:

- **Variante 1:** *„Sehr geehrte Kundinnen und Kunden, aufgrund einer Anpassung unserer Produktionsprozesse* *haben sich unsere Lieferzeiten geändert. Wir danken Ihnen für Ihr Verständnis."*

- **Variante 2:** *„Liebe Kundinnen und Kunden, wir optimieren derzeit unsere Produktionsabläufe. In diesem Zuge kann es zu geänderten Lieferzeiten kommen. Vielen Dank für Ihr Vertrauen."*

Markus Schmidt fragt: *„Kannst du die Unterschiede zwischen den Varianten näher erläutern?"*

Die KI erklärt:

- **Variante 1:** Kürzer, sachlich und auf den Punkt – geeignet für formelle Kommunikation.
- **Variante 2:** Freundlicher, kundenorientierter Ton – ideal für Bestandskunden.

Laura Hoffmann ergänzt: *„Ich kann keinen klaren Unterschied feststellen. Bitte nimm aus beiden Varianten die aussagekräftigsten Inhalte und füge sie zu einer einheitlichen Variante zusammen."*

Die KI kombiniert:

„Liebe Kundinnen und Kunden, wir optimieren derzeit unsere Produktionsprozesse. In diesem Zuge kann es zu geänderten Lieferzeiten kommen. Wir danken Ihnen für Ihr Vertrauen und Ihr Verständnis."

Mit dieser Methode erhalten **Laura Hoffmann** und **Markus Schmidt** eine maßgeschneiderte, konsolidierte Antwort, die den besten Ton für die Kundenkommunikation trifft und gleichzeitig die Vorteile beider KI-Varianten vereint.

Fazit

Diese häufigen Probleme und Reaktionsstrategien sollen Ihnen helfen, den Umgang mit KI-Tools effektiver und sicherer zu gestalten.

Durch das Verständnis und die proaktive Bewältigung dieser Herausforderungen können Sie die Vorteile der KI optimal nutzen und gleichzeitig Risiken minimieren.

9. Schritt: Erste Bedienungswerkzeuge der KI-Tools kennenlernen

Im Umgang mit KI-Tools gibt es eine Vielzahl von **Funktionen und Werkzeugen**, die die Benutzerfreundlichkeit und Effizienz verbessern. Diese sind meistens in der Nähe des Chat-Fensters als kleine Symbole zu finden. Hier sind einige der wichtigsten:

Überblick über häufige Funktionen und Bedienungswerkzeuge

- 1 Laut vorlesen (Text-to-Speech)
- 2 Kopieren
- 3 Anfrage regenerieren
- 4 Feedback-Optionen
- 5 Dokumente hochladen
- 6 Konversationsverlauf speichern
- 7 Sprachsteuerung
- 8 Mehrsprachige Unterstützung
- 9 Anpassbare Ausgabeformate
- 10 Kontextfenster anpassen
- 11 Personalisierung
- 12 Integrationen
- 13 Prompt-Vorlagen
- 14 Quellenangaben und Internetzugang
- 15 Datenschutzeinstellungen
- 16 Canvas-Funktion
- 17 Geplante Aufgaben (Scheduled Tasks)
- 18 Erweiterte Sprachsteuerung
- 19 Bild- und Sprachnachrichten in WhatsApp
- 20 Erweiterte Personalisierung durch Custom Instructions
- 21 Projekte in ChatGPT

1. Laut vorlesen (Text-to-Speech)

Diese Funktion wandelt Text in gesprochene Sprache um – praktisch für das Anhören von Berichten während anderer Tätigkeiten.

Markus Schmidt kann sich die KI-generierte Produktionsanalyse anhören, während er die Fertigungslinie besichtigt.

2. Kopieren

Ermöglicht es, generierten Text schnell in andere Dokumente einzufügen.

Laura Hoffmann kann die **von der KI erstellte Lieferantenanalyse** direkt in die Präsentation für das nächste Management-Meeting übernehmen.

3. Anfrage regenerieren

Erlaubt es, eine Antwort neu formulieren zu lassen, um eine bessere Version zu erhalten.

Bezug zum Pilotfall: Nach einer zu allgemeinen Antwort auf die Frage *„Wie senken wir unsere Produktionskosten?"* kann Markus Schmidt die KI bitten, die Antwort konkreter auf **Rohstoffkosten und Maschinenlaufzeiten** zu fokussieren.

4. Feedback-Optionen

Ermöglicht es, die Antworten der KI zu bewerten. Das ist wichtig, damit die KI in Zukunft weiß, wie sie antworten soll.

Nach einer unpassenden Vertriebsstrategie-Analyse gibt Laura Hoffmann negatives Feedback, um die zukünftigen Empfehlungen der KI zu verbessern.

5. Dokumente hochladen

Erlaubt das Hochladen von Dokumenten zur Analyse.

Markus Schmidt lädt die **aktuellen Produktionsberichte** hoch, damit die KI daraus **Effizienzpotenziale** ableitet.

6. Konversationsverlauf speichern

Speichert den Verlauf der Unterhaltungen zur späteren Nutzung.

Laura Hoffmann sichert die **KI-Analyse zur Lieferkettenoptimierung**, um sie im nächsten Quartal mit den tatsächlichen Ergebnissen zu vergleichen.

7. Sprachsteuerung

Ermöglicht es, Anfragen per Sprache zu stellen.

Während einer Betriebsbegehung stellt Markus Schmidt der KI per Sprache die Frage: *„Welche Maßnahmen zur Energieeinsparung kannst du empfehlen?“*

8. Mehrsprachige Unterstützung

Unterstützt Anfragen in verschiedenen Sprachen.

Für eine neue Partnerschaft mit einem spanischen Zulieferer lässt sich Laura Hoffmann eine **Vertragserläuterung ins Spanische übersetzen**.

9. Anpassbare Ausgabeformate

Ermöglicht die Ausgabe von Ergebnissen in verschiedenen Formaten (Markdown, HTML etc.).

Die KI liefert die Produktionskennzahlen als formatierten Bericht in Tabellenform, den Markus Schmidt direkt in das Management-Dashboard einfügt.

10. Kontextfenster anpassen

Erlaubt, die Textmenge zu steuern, die die KI gleichzeitig berücksichtigt.

Für die Analyse eines umfangreichen **Jahresberichts zur Produktionsentwicklung** passt Laura Hoffmann das Kontextfenster an, um eine **vollständige Zusammenfassung** zu erhalten.

11. Personalisierung

Passt die Antworten an individuelle Vorlieben an.

Markus Schmidt stellt ein, dass die KI immer **effizienzorientierte und kostenfokussierte Lösungen** bevorzugt.

12. Integrationen

Erlaubt die Verbindung der KI mit anderen Tools und Plattformen.

Laura Hoffmann integriert die KI in **Microsoft Teams**, um schnelle Antworten zu Lieferkettenanfragen direkt im Chat zu erhalten.

13. Prompt-Vorlagen

Bietet vorgefertigte Eingabeaufforderungen für häufige Aufgaben.

Mit der Vorlage *„Erstelle eine Lieferantenanalyse"* erhält Markus Schmidt sofort eine strukturierte Übersicht.

14. Quellenangaben und Internetzugang

Ermöglicht es, die Herkunft der KI-Informationen nachzuvollziehen und neue Informationen zu bekommen.

Für eine Investitionsentscheidung verlangt Laura Hoffmann, dass die KI ihre **Marktanalyse mit aktuellen Branchenberichten belegt**.

15. Datenschutzeinstellungen

Gibt Kontrolle über die Speicherung und Nutzung der eigenen Daten.

Markus Schmidt aktiviert die **Datenschutzoptionen**, um sicherzustellen, dass **keine vertraulichen Produktionsdaten gespeichert werden**.

16. Canvas-Funktion

Die Canvas-Funktion in ChatGPT ist eine innovative Erweiterung, die es Nutzern ermöglicht, in einem separaten, interaktiven Arbeitsbereich gemeinsam mit der KI an Texten zu arbeiten. Im Gegensatz zur herkömmlichen Chat-Oberfläche bietet Canvas eine dynamische Umgebung, in der Inhalte direkt erstellt, bearbeitet und organisiert werden können.

Hauptmerkmale der Canvas-Funktion:

- **Versionskontrolle:** Die Funktion ermöglicht es, verschiedene Versionen eines Dokuments zu speichern und bei Bedarf wiederherzustellen, was besonders bei umfangreichen Projekten hilfreich ist.
- **Inline-Vorschläge:** ChatGPT kann spezifische Abschnitte im Dokument hervorheben und gezielte Verbesserungsvorschläge machen, ähnlich wie ein menschlicher Lektor.
- **Anpassung des Lesestandards:** Nutzer können den Schwierigkeitsgrad des Textes an die Zielgruppe anpassen, um die Verständlichkeit zu optimieren.
- **Nahtlose Integration von Chat und Bearbeitung:** Die Canvas-Oberfläche kombiniert die Chat-Interaktion mit der KI und die direkte Bearbeitung von Inhalten, was den Arbeitsfluss verbessert.

Anwendungsbeispiele:

- **Kreatives Schreiben:** Autoren können gemeinsam mit der KI an Artikeln, Geschichten oder Berichten arbeiten, wobei sie direktes Feedback und Verbesserungsvorschläge erhalten.
- **Programmierung:** Entwickler können Code im Canvas schreiben, debuggen und optimieren, mit Unterstützung der KI bei der Fehlerbehebung und Verbesserung des Codes.
- **Projektzusammenarbeit:** Teams können gemeinsam an Dokumenten arbeiten, Änderungen nachverfolgen und in Echtzeit Feedback von der KI erhalten.

Die Canvas-Funktion erweitert die Möglichkeiten der Zusammenarbeit zwischen Mensch und KI erheblich und bietet eine flexible Plattform für verschiedene kreative und technische Anwendungen.

17. Geplante Aufgaben (Scheduled Tasks)

ChatGPT bietet jetzt die Möglichkeit, geplante Aufgaben einzurichten. Nutzer können Erinnerungen für einmalige oder wiederkehrende Aufgaben erstellen, wie zum Beispiel tägliche Nachrichten-Updates, Sprachübungen oder persönliche Erinnerungen. Nach Abschluss der Aufgabe werden sie per Push-Benachrichtigung oder E-Mail informiert.

18. Erweiterte Sprachsteuerung

Die erweiterte Sprachsteuerung ermöglicht es Nutzern, mit ChatGPT per Sprache zu interagieren. Diese Funktion unterstützt natürliche Gespräche in Echtzeit und kann auf Emotionen des Nutzers reagieren. Sie ist sowohl für mobile Geräte als auch für Desktop-Computer verfügbar.

Markus Schmidt nutzt die erweiterte Sprachsteuerung während einer Betriebsbegehung und fragt die KI per Spracheingabe: *„Welche 3 Hauptgründe haben in den letzten Monaten zu Produktionsengpässen geführt?“* Die KI antwortet direkt mit einer Analyse auf Basis der hochgeladenen Produktionsberichte und schlägt konkrete Maßnahmen zur Prozessoptimierung vor.

19. Bild- und Sprachnachrichten in WhatsApp

Die Integration von ChatGPT in WhatsApp wurde erweitert. Nutzer können jetzt Bilder und Sprachnachrichten direkt an ChatGPT senden. Die KI ist in der Lage, Bilder zu analysieren und Sprachnachrichten in Text umzuwandeln, um darauf zu reagieren.

Markus Schmidt sendet ein **Foto einer beschädigten Maschine** an die KI und erhält eine **erste Einschätzung zur möglichen Ursache**.

20. Erweiterte Personalisierung durch Custom Instructions

Die Funktion der Custom Instructions wurde verbessert, sodass Nutzer ChatGPT detaillierter anweisen können, wie es reagieren soll. Dies umfasst Anpassungen des Verhaltens, des Sprachstils und spezifischer Regeln, die die KI befolgen soll.

Individuelle Konfiguration von ChatGPT für die Hoffmann & Schmidt GmbH

In der individuellen Konfiguration von ChatGPT können Sie die Interaktion mit der KI auf Ihr Unternehmen und Ihre Bedürfnisse zuschneiden. Hier sind die wichtigsten Felder und ihre Bedeutung - speziell auf die Anforderungen der **Hoffmann & Schmidt GmbH** als Automobilzulieferer zugeschnitten:

Wie soll dich ChatGPT ansprechen?

Hier können Sie einen bevorzugten Namen oder eine Anrede eintragen, die ChatGPT in der Konversation verwendet.

Beispiel: „Nenn mich Frau Hoffmann." oder „Sprich mich mit Herr Schmidt an.".

Was machst du beruflich?

Hier geben Sie Ihre Position oder Ihr berufliches Umfeld an, damit ChatGPT relevantere, branchenspezifische Antworten liefert.

Beispiel für die Hoffmann & Schmidt GmbH:

„Ich bin Geschäftsführer eines Automobilzulieferers mit 200 Mitarbeitern."

„Ich leite den Vertrieb eines mittelständischen Automobilzulieferers."

Welche Eigenschaften soll ChatGPT haben?

Hier definieren Sie den gewünschten Stil, Ton und Fokus der KI-Antworten.

Beispiele für die Hoffmann & Schmidt GmbH:

- **Analytisch:** Liefere datenbasierte Antworten und konkrete Handlungsempfehlungen.
- **Effizienzorientiert:** Konzentriere dich auf Lösungen, die Zeit und Kosten sparen.
- **Praxisnah:** Zeige Beispiele, die direkt auf unser Geschäftsfeld anwendbar sind.

- **Vorausschauend:** Biete strategische Perspektiven für die Zukunft der Automobilzulieferer-Branche.

Gibt es sonst noch etwas, das ChatGPT über dich wissen sollte?

Hier können Sie zusätzliche Informationen zu Ihren Zielen, Werten oder branchenspezifischen Besonderheiten angeben.

Beispiele für die Hoffmann & Schmidt GmbH:

- „Wir sind ein Automobilzulieferer, der sich auf nachhaltige Produktion und Prozessoptimierung konzentriert."
- „Lege den Fokus auf Anwendungen im Produktionsmanagement, in der Lieferkettenoptimierung und im Vertrieb."
- „Biete Lösungen, die auf mittelständische B2B-Unternehmen zugeschnitten sind."

Für neue Chats aktivieren:

Wenn Sie diese Option aktivieren, gelten die eingestellten Präferenzen automatisch für alle zukünftigen Unterhaltungen.

Mit dieser Konfiguration erhalten Laura Hoffmann und Markus Schmidt maßgeschneiderte Antworten, die exakt auf die Herausforderungen und Ziele der Hoffmann & Schmidt GmbH abgestimmt sind – von der Produktionsoptimierung bis zur Vertriebsstrategie.

21. Projekte in ChatGPT

Mit der neuen Projektfunktion können Nutzer Dateien und Chats für den persönlichen Gebrauch gruppieren. Dies erleichtert die Organisation von Informationen und ermöglicht einen schnellen Zugriff auf relevante Daten.

Mit der Projektfunktion in ChatGPT können **Laura Hoffmann** und **Markus Schmidt** Dateien, Analysen und wichtige

Chats zu einzelnen Unternehmensbereichen oder Projekten gruppieren. Dies erleichtert die **Organisation betrieblicher Informationen** und ermöglicht einen **schnellen Zugriff** auf relevante Daten – beispielsweise zu laufenden Optimierungsprojekten in **Produktion, Vertrieb oder Lieferkette**.

Anwendungsbeispiele für die Hoffmann & Schmidt GmbH:

- **Projekt „Produktionsoptimierung Werk Stuttgart":** Alle KI-generierten Berichte, Engpassanalysen und Prozessvorschläge an einem Ort.
- **Projekt „Vertriebsstrategie 2025":** Gemeinsame Auswertungen von Marktanalysen, Kundensegmentierungen und Kampagnenideen.
- **Projekt „Lieferkettenanalyse":** Zusammengefasste Analysen zur Rohstoffbeschaffung, Kostensenkung und Lieferantenbewertungen.

Diese Struktur hilft **Laura Hoffmann** und **Markus Schmidt**, ihre **KI-basierten Auswertungen effizient zu verwalten**, schnell auf vergangene Ergebnisse zurückzugreifen und die **Entscheidungsprozesse im gesamten Unternehmen** zu beschleunigen.

SCHNELLEINSTIEG – Zusammenfassung

A. KI-ARBEITSPLATZ, PROZESS- UND WORKFLOW-OPTIMIERUNG

KI formuliert, zum Beispiel Pläne für die Einrichtung von KI-Arbeitsplätzen

---

Erfolge nach diesem Kapitel

- **Wesentliche Prozessabläufe** analysiert und für die KI-Integration vorbereitet.
- Grundlagen der **Promptgestaltung** für KI-Anwendungen erlernt.
- Unterschied zwischen **strukturierten und unstrukturierten Prompts** verstanden.
- **Spezialisierte Tools** für die Einrichtung von KI-Arbeitsplätzen kennengelernt
- KI-Ergebnisse durch gezielte **Verfeinerung** optimiert, systematisch **evaluiert** und Arbeitsprozesse kontinuierlich verbessert.
- Grundlagen zur Entwicklung und Anwendung von **Chatbots (GPTs, Bots)** für automatisierte Workflows erlernt.
- Systematische Prozessoptimierung mit den **9 Schritten der Workflow-Analyse** angewendet.
- Einer **KI-Community** angeschlossen und den Erfahrungsaustausch für kontinuierliche Prozessverbesserung genutzt.

Diese Erfolge bilden die Grundlage, um die Herausforderungen der **Hoffmann & Schmidt GmbH** gezielt anzugehen und deren Prozesse durch KI-Arbeitsplätze nachhaltig zu optimieren.

Aus dem Pilotfall bearbeiten wir nun mit KI-Tools einzelne Anwendungsszenarien, die zentrale Herausforderungen von Unternehmen adressieren.

2. Anwendungsfall

Nach der Analyse der Unternehmensprozesse bei der **Hoffmann & Schmidt GmbH** stellen die Betriebsberater **Hanna Herz und Klemens Klug**[5] fest: Fehlende digitale Arbeitsprozesse, unklare Verantwortlichkeiten und mangelnde Schulung verhindern eine produktive Nutzung von KI.

Gemeinsam mit **Geschäftsführer Markus Schmidt und Laura Hoffmann** haben sie Schwachstellen und Verbesserungspotenziale identifiziert. Die Lösung: **KI-Arbeitsplätze**, die Arbeitsprozesse automatisieren und Workflows effizienter gestalten.

Nun setzen sie sich daran, **Pläne für die Einrichtung eines zentralen KI-Arbeitsplatzes** zu entwickeln, der alle relevanten Abteilungen unterstützt und die Grundlage für eine umfassende Prozess- und Workflow-Optimierung schafft.

Wie gehen sie vor?

Am besten, man geht in **folgenden Schritten** vor:

Überblick

1. Schritt: **Anwendungsfall** konkretisieren
2. Schritt: **Traumergebnis** visualisieren
3. Schritt: **Alte und neue Arbeitsweisen** vergleichen
4. Schritt: **Schlechte** Prompts erkennen und vermeiden
5. Schritt: **Unstrukturierte** Prompts erstellen
6. Schritt: **Strukturierte** Prompts lernen
7. Schritt: **Super strukturierte Prompts** nach der goldenen Richterpromptregel verwenden

5 *Bekannt aus der smartberatungki.de und dem Buch dazu „KI-Betriebsberater/in werden in 14 Tagen"!*

8. Schritt: Ergebnisse **verfeinern** und vertiefen

9. Schritt: Ergebnisse **evaluieren** und Widersprüche aufdecken

10. Schritt: **Chatbots** erstellen

11. Schritt: Spezialisierte **KI-Tools** einsetzen

12. Schritt: Sich einer **Community** von KI-Lernenden anschließen

Und wie gehen **Sie** vor?

Werden Sie aktiv!

- Sehen Sie sich Ihre **bisherige Arbeitsweise** bei der Prozess- und Workflow-Gestaltung genau an!
- Gehen Sie **Schritt für Schritt** die folgenden Seiten durch und probieren Sie die dort vorgestellten Prompts und KI-Tools für Ihre Arbeitsprozesse aus.
- Halten Sie Ihre Ergebnisse in einem **gesonderten Dokument** oder in Ihrer gewohnten Unternehmenssoftware fest.
- Etablieren Sie mit den KI-Tools eine neue, **KI-gestützte Arbeitsweise** – mit einem Workflow, der optimal auf Ihre Unternehmensprozesse zugeschnitten ist.

1. Schritt: Anwendungsfall konkretisieren

Prozess- und Workflow-Optimierung – Einsatz von KI zur Effizienzsteigerung im Unternehmen

Nachdem Sie in vorherigen Anwendungsfällen gelernt haben, wie KI Ihre Arbeitsprozesse unterstützt, konzentrieren wir uns nun darauf, mithilfe von KI-Tools einen vollständigen **Plan für die Einrichtung eines KI-Arbeitsplatzes** zu entwickeln.

Dies basiert auf dem Beratungsauftrag für die **Hoffmann & Schmidt GmbH**, einen Automobilzulieferer, der Unterstützung bei der **Optimierung seiner Lieferprozesse und der Personalplanung** benötigt.

Betriebsberater Hanna Herz und Klemens Klug haben im Rahmen ihrer Analyse Schwachstellen identifiziert: **Ineffiziente Arbeitsprozesse, unklare Workflows und fehlende digitale Lösungen.** Nun erarbeiten sie gemeinsam mit ihnen einen **detaillierten Plan für eine KI-gestützte Arbeitsweise**, die Effizienz steigert und Prozesse optimiert.

Zielsetzung der Prozess- und Workflow-Optimierung:

- Klare Definition des **Anwendungsfalls** und der zu lösenden betrieblichen Herausforderungen.
- Analyse der **aktuellen Arbeitsweise** und Identifikation konkreter **Schwachstellen.**
- Entwicklung eines **individuellen, KI-gestützten Workflows** mit Umsetzungsanleitungen.
- Sicherstellung, dass die geplanten Maßnahmen auf die **Unternehmensziele** abgestimmt sind.

Aufgaben und Herausforderungen bei der Einrichtung des KI-Arbeitsplatzes:

Einleitung: Beschreibung des aktuellen Standes der Arbeitsprozesse und Zielsetzung des KI-Arbeitsplatzes.

- **Ziel:** Unterstützung bei der Optimierung der Lieferprozesse und der Personalplanung.
- **Aktueller Stand:** Der Betrieb benötigt eine klar strukturierte digitale Arbeitsweise zur Effizienzsteigerung.

Analyse der Unternehmenssituation: Präzise Darstellung der Ist-Situation.

- **Schwachstellen:** Hoher Verwaltungsaufwand, manuelle Planungen und fehlende Transparenz in den Abläufen.
- **Ursachen:** Fehlende digitale Systeme, ineffiziente Workflows und mangelnde Prozessautomatisierung.

Beteiligte: Beschreibung der relevanten Akteure.

- **Hoffmann & Schmidt GmbH:** Der beratene Automobilzulieferer mit 200 Mitarbeitenden.
- **Berater:** Hanna Herz und Klemens Klug als verantwortliche Ansprechpartner.

Struktur des Plans für den KI-Arbeitsplatz:

1. Einleitung: Zielsetzung und Darstellung der aktuellen Herausforderungen.

2. Analyse der Unternehmenssituation: Aufzeigen bestehender Prozesse, Schwachstellen und deren Ursachen.

3. Handlungsempfehlungen: Konkrete Maßnahmen zur Prozess- und Workflow-Optimierung.

- **Lieferprozesse:** Einführung eines KI-gestützten Systems zum Beispiel zur Lieferkettenanalyse.
- **Personalplanung:** Einsatz von Predictive-Analytics-Tools zum Beispiel zur Bedarfsprognose.

4. Zeitplan: Entwicklung eines priorisierten Maßnahmenplans.

Kurzfristig: Einrichtung eines KI-Arbeitsplatzes zum Beispiel für Logistik und Personalwesen.

Mittelfristig: Einführung automatisierter Planungstools und Trainingsprogramme.

5. Evaluation: Klare Dokumentation der Ergebnisse und regelmäßige Erfolgskontrollen.

Unterstützung durch KI-Tools bei der Einrichtung des KI-Arbeitsplatzes

- **Einleitung:** KI unterstützt die Formulierung des Anwendungsfalls und der betrieblichen Ziele.
- **Analyse:** KI-Tools identifizieren Engpässe in den Prozessen und liefern Ursachenanalysen.
- **Struktur:** KI hilft, einen klaren, umsetzbaren Plan für die Prozessoptimierung zu erstellen.

- **Handlungsempfehlungen:** KI generiert maßgeschneiderte Verbesserungsvorschläge.
- **Zeitplan:** KI-gestützte Tools priorisieren Maßnahmen und visualisieren deren Auswirkungen.

Werden Sie aktiv!

- Überprüfen Sie Ihre bisherigen Methoden zur **Prozess- und Workflow-Gestaltung**!
- Nutzen Sie die obigen Schritte, um eine neue, **KI-gestützte Arbeitsweise** zu entwickeln.
- Probieren Sie die vorgestellten **KI-Tools** aus und erstellen Sie einen individuellen, praxisorientierten Plan für Ihren KI-Arbeitsplatz.
- Dokumentieren Sie Ihre **Ergebnisse** und schaffen Sie mit KI einen effizienten und zukunftsfähigen Workflow!

2. Schritt: Traumergebnis avisieren!

Die Berater **Hanna Herz und Klemens Klug** verfügen über umfassende Kenntnisse im Umgang mit **KI-Tools** wie **ChatGPT**.

In enger Zusammenarbeit mit den Geschäftsführern **Laura Hoffmann und Markus Schmidt** erarbeiteten sie mithilfe der KI innerhalb kürzester Zeit einen **Muster-Workflow** zur **Prozess- und Workflow-Optimierung**.

Das Ergebnis: Ein **„Traumergebnis“**, das als **Vorlage für zukünftige KI-gestützte Arbeitsprozesse** bei der **Hoffmann & Schmidt GmbH** dient.[6]

---

6 *KEIN FORMULARBUCH – IHRE AKTIVE BETEILIGUNG ZUM ERFOLG*

Dieses Buch ist kein Handbuch für standardisierte Workflows: Es geht um die Veranschaulichung des Prozesses! Nutzen Sie daher diesen Schritt, um:

- ***eigene Muster,***
- ***eigene Leitfäden und Checklisten** und*
- ***Ihre spezifischen Anforderungen und Vorgaben** aus Ihrem Unternehmensalltag einzubringen.*

*Lassen Sie diese durch den weiteren Prozess **von KI begleiten und optimieren.** So entsteht ein **individualisierter Workflow**, der perfekt auf die **Bedürfnisse Ihres Unternehmens** zugeschnitten ist.*

Plan: KI-gestützte Prozess- und Workflow-Optimierung bei der Hoffmann & Schmidt GmbH

Gegenstand: Entwicklung und Umsetzung effizienter Prozesse zur Bewältigung von Lieferengpässen und Verbesserung der Personalplanung.

Zeitraum: 1. Dezember 2025 bis 15. Dezember 2025

Beraterteam: Hanna Herz und Klemens Klug[7]

Ort: Hauptstraße 10, 70173 Stuttgart

1. Einleitung

Die **Hoffmann & Schmidt GmbH**, ein familiengeführter Automobilzulieferer mit 200 Mitarbeitern, steht vor Herausforderungen, die viele mittelständische Unternehmen betreffen: **fehlende digitale Arbeitsprozesse, unklare Workflows und mangelnde Schulung** verhindern eine produktive Nutzung von KI im Tagesgeschäft.

Betriebsberater Hanna Herz und Klemens Klug analysierten gemeinsam mit den Geschäftsführern **Laura Hoffmann und Markus Schmidt** die bestehenden Abläufe. Unterstützt wurden sie durch den erfahrenen **Anwalt Bernd Zimmermann**, der mit seiner **KI-unterstützten Kanzlei „LexStar“** seit 2 Jahren erfolgreich innovative, digitale Lösungen für juristische Arbeitsprozesse entwickelt.

Bernd Zimmermann bringt umfassende Erfahrungen aus der **KI-gestützten Prozessautomatisierung, Mandantenverwaltung und digitalen Workflows** mit ein – Kompetenzen, die er in seiner Kanzlei nutzt, um neue Mandanten zu gewinnen, juristische Fälle effizient zu bearbeiten und gleichzeitig seine Work-Life-Balance zu verbessern.

Ziel der Beratung:

Die Grundlage für eine umfassende **Prozess- und Workflow-Optimierung** schaffen – durch die **Einrichtung**

7 *Bekannt aus der smartberatungki.de und dem Buch dazu „KI-Betriebsberater/in werden in 14 Tagen"!*

zentraler KI-Arbeitsplätze, die datenbasierte Entscheidungen unterstützen, Arbeitsprozesse automatisieren und die Effizienz in allen Unternehmensbereichen steigern.

2. Analyse der Unternehmenssituation

2.1 Schwachstellen in den Arbeitsprozessen

- **Fehlende digitale Workflows:** Viele Abläufe erfolgen manuell, was die Produktivität bremst.
- **Unklare Verantwortlichkeiten:** Arbeitsprozesse sind nicht standardisiert und verursachen Abstimmungsprobleme.
- **Mangelnde Datenintegration:** Informationen sind über verschiedene Systeme verstreut und werden nicht zentral genutzt.

2.2 Ursachenanalyse:

- **Kein zentraler KI-Arbeitsplatz:** Es fehlt eine technische Infrastruktur für datengetriebene Prozesse.
- **Unzureichende Prompt-Kompetenz:** Das Potenzial von KI-Tools bleibt ungenutzt.
- **Keine standardisierten Workflows:** Wichtige Arbeitsprozesse sind nicht dokumentiert oder automatisiert.

2.3 Erste Ergebnisse während der Beratung:

- **Aufbau eines Pilot-KI-Arbeitsplatzes:** Ein Testsystem für Prozessanalysen wurde eingerichtet.
- **Prompt-Training:** Erste strukturierte Prompts führten zu aussagekräftigen Prozessanalysen.
- **Workshops zur Workflow-Optimierung:** Gemeinsam mit den Abteilungsleitern wurden aktuelle und zukünftige Arbeitsabläufe verglichen.

Erfahrungen aus der LexStar-Kanzlei: Bernd Zimmermann brachte Best Practices aus seiner Kanzlei ein, wie zum Beispiel **KI-gestützte Fallanalysen, automatisierte Dokumentenerstellung** und **digitale Aktenverwaltung**, die sich auf Unternehmensprozesse übertragen lassen.

3. Handlungsempfehlungen zur Einrichtung der KI-Arbeitsplätze

3.1 Aufbau der technischen Infrastruktur:

- **Zentrale KI-Plattform:** Einrichtung eines Arbeitsplatzes mit ChatGPT-Integration für Prozessanalysen.
- **Datenintegration:** Anbindung an das bestehende ERP-System zur Auswertung von Unternehmensdaten.
- **Tools für Prozessautomatisierung:** Einführung spezialisierter Anwendungen für Workflow-Management.

3.2 Entwicklung effizienter Workflows:

- **Workflow-Analyse:** Dokumentation bestehender Prozesse und Identifikation von Engpässen.
- **Prompt-Vorlagen:** Erstellung strukturierter Prompts für wiederkehrende Prozessanalysen.
- **Automatisierte Abläufe:** Einsatz von KI zur Automatisierung von Standardprozessen.

3.3 Schulung und Change-Management:

- **Prompt-Training:** Einführung in unstrukturierte, strukturierte und „Richter"-Prompts.
- **Community-Bildung:** Aufbau eines internen Netzwerks für den Wissensaustausch.
- **Change-Workshops:** Begleitung der Teams bei der Umstellung auf KI-gestützte Prozesse.

3.4 Inspiration aus der Kanzlei LexStar:

- **KI-gestützte Dokumentenprozesse:** Übertragbarkeit von automatisierten Schriftsatzvorlagen auf Unternehmensberichte.
- **Mandantenakquise durch digitale Workflows:** Anwendung der LexStar-Erfahrungen zur Automatisierung der Kundenanfragen und Auftragserfassung.

- **Effizienzsteigerung durch Chatbots:** Einführung eines internen Chatbots zur Beantwortung häufig gestellter Fragen und zur Unterstützung der Mitarbeitenden.

4. Zeitplan und Priorisierung

Kurzfristige Maßnahmen (0–3 Monate):

- Einrichtung eines Pilot-KI-Arbeitsplatzes mit Testzugängen.
- Durchführung von Prompt-Trainings und ersten Prozessanalysen.
- Entwicklung erster Workflow-Vorlagen.

Mittelfristige Maßnahmen (3–6 Monate):

- Vollständige Inbetriebnahme des zentralen KI-Arbeitsplatzes.
- Einführung automatisierter Arbeitsprozesse.
- Regelmäßige Evaluation der Workflows durch KI-gestützte Auswertungen.

Langfristige Maßnahmen (6–12 Monate):

- Weiterentwicklung der KI-gestützten Workflows.
- Aufbau eines internen Knowledge Hubs zur Schulung neuer Mitarbeitender.
- Etablierung einer Community für den Erfahrungsaustausch zu KI-Prozessen.

5. Fazit

Die Beratung durch **Hanna Herz, Klemens Klug und Bernd Zimmermann** hat die Grundlage für eine nachhaltige **Prozess- und Workflow-Optimierung** bei der **Hoffmann & Schmidt GmbH** gelegt.

Die ersten Erfolge – wie die Entwicklung strukturierter Prompts, die Einführung eines Pilot-KI-Arbeitsplatzes und die Optimierung bestehender Workflows – verdeutlichen das Potenzial der neuen Arbeitsweise.

Besonders der **Praxisbezug durch die Wirtschaftsrechtskanzlei „LexStar“** von **Bernd Zimmermann**[8] brachte wertvolle Erkenntnisse: **KI-gestützte Fallanalysen, automatisierte Dokumentenprozesse und digitale Workflows**, die nicht nur in der Rechtsberatung, sondern auch in Unternehmensprozessen erhebliche Effizienzgewinne erzielen.

Durch die konsequente Umsetzung der vorgeschlagenen Maßnahmen wird das Unternehmen in der Lage sein, **KI effizient zu nutzen**, um Prozesse zu automatisieren, Engpässe zu vermeiden und die Produktivität nachhaltig zu steigern.

Die Berater stehen der Hoffmann & Schmidt GmbH auch weiterhin zur Seite, um die Einrichtung der KI-Arbeitsplätze zu begleiten und deren Erfolg langfristig zu sichern.

Anlagen:

- Übersicht der entwickelten Prompt-Vorlagen.
- Beispiele für strukturierte und unstrukturierte Prompts.
- Ergebnisse der ersten Prozessanalysen durch KI.
- Dokumentation der Workshop-Ergebnisse zur Workflow-Optimierung.
- Zeitplan für die Einführung des zentralen KI-Arbeitsplatzes.
- Kontaktliste potenzieller Anbieter spezialisierter KI-Tools.
- Praxisbericht aus der Kanzlei **LexStar** zur rechtssicheren Anwendung von KI-gestützten Workflows.

Unterschrift der Berater:

Hanna Herz

Klemens Klug

Bernd Zimmermann

8 *Bernd Zimmermann ist bekannt aus der Publikation „KI-Jurist/in werden in 14 Tagen!“*

3. Schritt: Alte und neue Arbeitsweisen analysieren

6 Tipps

1. Tipp: Starten mit der **Analyse traditioneller Arbeitsweisen**! Was – wie – wo?
2. Tipp: **Neue Arbeitsweisen** mit KI **entdecken**
3. Tipp: **Allgemeine KI-Tools** auswählen und einfach starten
4. Tipp: **Spezialisierte KI-Tools** mit Schwerpunkt auf Beratungsfragen suchen
5. Tipp: **KI-Tools** miteinander **kombinieren** zu einem Workflow
6. Tipp: **Geschütztes** Arbeiten ermöglichen

1. Tipp: Starten mit der Analyse traditioneller Arbeitsweisen Was – wie – wo?

Angesichts der aktuellen Herausforderungen der **Hoffmann & Schmidt GmbH** bei Lieferengpässen und ineffizienten Arbeitsprozessen stellen sich die Fragen:

- **Was** wurde in der bisherigen Arbeitsweise genutzt, um betriebliche Abläufe zu steuern?
- **Wie** könnte die Prozess- und Workflow-Gestaltung effizienter erfolgen?
- **Wo** können KI-gestützte Arbeitsprozesse eingeführt werden, um bessere Ergebnisse zu erzielen?

Traditionelle Arbeitsweise bei Hoffmann & Schmidt:

Vor der Einführung von KI würden **Hanna Herz und Klemens Klug** gemeinsam mit **Markus Schmidt und Laura Hoffmann** folgende Schritte durchlaufen:

1. Analyse der Lage: Gespräche mit den Abteilungsleitern, um Engpässe in den Lieferketten und ineffiziente Arbeitsabläufe zu identifizieren.

2. Manuelle Planung: Excel-Tabellen und Papierlisten zur Produktionssteuerung und Schichtplanung verwenden.

3. Kommunikation: E-Mails und Telefonate für Abstimmungen zwischen Einkauf, Produktion und Logistik.

4. Fehlerkorrektur: Nachträgliche manuelle Korrekturen, wenn Fehler oder Verzögerungen auftreten.

Notieren Sie Ihre aktuelle Arbeitsweise:

- Wie steuern Sie derzeit Prozesse in Ihrem Unternehmen?
- Welche Tools und Abläufe setzen Sie für Planung, Kommunikation und Controlling ein?

Die Analyse traditioneller Arbeitsweisen ist der erste Schritt zur **Einrichtung eines zentralen KI-Arbeitsplatzes**, der automatisierte, digitale Lösungen für die tägliche Arbeit bei **Hoffmann & Schmidt** ermöglicht.

2. Tipp: Neue Arbeitsweisen mit KI entdecken

Mit der Einführung von KI ergeben sich neue Möglichkeiten, Prozesse und Workflows bei der Hoffmann & Schmidt GmbH zu optimieren.

Hanna Herz und Klemens Klug könnten gemeinsam mit **Laura Hoffmann und Markus Schmidt** wie folgt vorgehen:

1. Analyse der aktuellen Prozesse mit KI: Verwenden Sie ein **KI-Tool wie ChatGPT,** um Engpässe in der Lieferkette, ineffiziente Abläufe und häufige Fehlerquellen zu identifizieren.

Lassen Sie KI-Tools Optimierungsvorschläge für Workflows in Einkauf, Produktion und Verwaltung generieren.

2. Optimierung der Arbeitsprozesse: Erstellen Sie mit einem **KI-Tool** standardisierte Abläufe für Bestellungen, Produktionspläne und Liefertermine.

Lassen Sie die KI alternative Prozessvarianten vorschlagen, um Zeit und Ressourcen zu sparen.

3. **Automatisierung wiederkehrender Aufgaben:** Nutzen Sie **spezialisierte KI-Tools**, um Routineaufgaben wie Bestellüberwachung, Lagerverwaltung und Personalplanung automatisiert zu steuern. Lassen Sie KI-gestützte Systeme Aufgaben priorisieren und Ressourcen dynamisch verteilen.
4. **Ergebnisüberprüfung und kontinuierliche Anpassung:** Besprechen Sie die Ergebnisse der KI-gestützten Analysen und Maßnahmen regelmäßig im Team und entwickeln Sie gemeinsam Verbesserungen.

Verknüpfen Sie die KI-Tools mit den Echtzeitdaten aus Ihrem Betrieb, um die Prozesse kontinuierlich zu verfeinern und flexibel auf neue Herausforderungen zu reagieren.

Mit einem **zentralen KI-Arbeitsplatz** legen Sie den Grundstein für **effizientere Workflows, automatisierte Abläufe** und eine **nachhaltige Prozessoptimierung** bei der **Hoffmann & Schmidt GmbH**.

3. Tipp: Allgemeine KI-Tools auswählen und einfach starten

Sie dürften jetzt schon davon überzeugt sein, dass in der modernen Unternehmenspraxis die Integration von **Künstlicher Intelligenz (KI)** eine immer größere Rolle spielen wird. Aber der KI-Markt ist riesig und unüberschaubar, ständigen Wechseln unterworfen. Daher stellt sich häufig die Frage:

Welche KI-Tools sollte man für die Einrichtung eines KI-Arbeitsplatzes wählen?

Entscheiden Sie sich für ein KI-Tool, das Sie leicht bedienen können. In diesem Buch wird das derzeit mächtigste Tool **ChatGPT** verwendet, aber die hier vermittelten Kenntnisse sind zum großen Teil auch auf andere KI-Tools übertragbar.

Warum auch andere KI-Tools neben ChatGPT nutzen?

Obwohl ChatGPT ein äußerst vielseitiges Werkzeug ist, bietet die Nutzung mehrerer KI-Tools einige Vorteile für die **Prozess- und Workflow-Optimierung** bei der **Hoffmann & Schmidt GmbH:**

- **Spezialisierung:** Verschiedene KI-Tools sind oft auf bestimmte Aufgaben spezialisiert, zum Beispiel Prozessautomatisierung, Datenanalyse oder Ressourcenplanung. Sie können in spezifischen Unternehmensbereichen besser performen als ein Allrounder wie ChatGPT.
- **Vielfalt der Ansätze:** Die Kombination verschiedener Tools liefert unterschiedliche Perspektiven und Lösungsansätze für die Optimierung von Prozessen – wertvoll bei komplexen betrieblichen Herausforderungen.
- **Redundanz und Sicherheit:** Mehrere Tools verringern das Risiko, bei Systemausfällen oder Fehlfunktionen stillzustehen.
- **Zusätzliche Funktionen:** Manche KI-Tools bieten spezifische Funktionen, wie die **Integration in ERP-Systeme, Prozessvisualisierung** oder die **automatisierte Workflow-Steuerung**.

Wichtige Tool-Kategorien für KI-Arbeitsplätze:

- **Allgemeine KI-Tools (LLM):** Für vielseitige Anwendungen in Analyse, Planung und Prozesssteuerung.
- **Spezialisierte KI-Tools:** Für Aufgaben wie Produktionssteuerung, Lieferkettenmanagement oder Personalplanung.

Welche allgemeinen KI-Tools (LLM) sollte man kennen?

Hier sind einige **KI-Tools**, die für die **Prozess- und Workflow-Optimierung** bei der **Hoffmann & Schmidt GmbH** besonders geeignet sind:

1. **ChatGPT:** Vielseitig einsetzbar für Prozessanalysen, Prompt-Optimierung und Automatisierung.
2. **Perplexity:** Ideal für schnelle Recherchen, Datenanalysen und strukturierte Antworten.

3. Claude: Bietet leistungsstarke Funktionen für komplexe Planungen, Teamworkflows und Prozessdokumentationen.

Nutzen Sie zunächst **ein Tool, mit dem Sie gut zurechtkommen**, und erweitern Sie dann Ihre KI-Toolbox, um spezifische Anforderungen in Ihrem Unternehmen noch effizienter zu erfüllen. Ein gut gewählter Mix aus KI-Tools ist der Schlüssel zu einem leistungsfähigen **KI-Arbeitsplatz** und nachhaltig optimierten **Workflows** bei der **Hoffmann & Schmidt GmbH**.

4. Tipp: Spezialisierte KI-Tools mit Schwerpunkt auf betriebswirtschaftlicher Beratung suchen

Die Digitalisierung macht auch vor der betriebswirtschaftlichen Beratung nicht halt. Immer mehr spezialisierte KI-Tools werden entwickelt, um Betriebsberater in ihrer täglichen Arbeit zu unterstützen – sei es bei der Analyse von Unternehmenskennzahlen, der Planung von Fördermöglichkeiten oder der Entwicklung nachhaltiger Geschäftsstrategien.

Der Einsatz dieser Tools wird in den kommenden Jahren stark zunehmen und ermöglicht eine noch gezieltere und effizientere Beratung für Handwerksbetriebe.

Spezialisierte KI-Tools mit Schwerpunkt auf BWL-Themen

Aktuelle Tools siehe QR-Code

- **Langdock** – Datenschutzkonforme KI-Lösungen für betriebswirtschaftliche Analysen und Beratungsprozesse
- **Nele.AI** – Unterstützung bei der Erstellung von Businessplänen, Förderanträgen und betriebswirtschaftlichen Konzepten

5. Tipp: KI-Tools miteinander kombinieren zu einem effizienten Workflow für die Hoffmann & Schmidt GmbH

Auch in der **Prozess- und Workflow-Optimierung** kann die Kombination verschiedener **KI-Tools** den Arbeitsablauf erheblich verbessern. Am Beispiel der **Einrichtung eines zentralen KI-Arbeitsplatzes bei der Hoffmann & Schmidt GmbH** zeige ich Ihnen, wie Sie einen leistungsstarken **KI-gestützten Workflow** entwickeln können:

Schritt 1: Grundstruktur mit ChatGPT erstellen

Beginnen Sie, indem Sie ChatGPT auffordern, die wichtigsten Elemente eines **KI-Arbeitsplatzes** für einen mittelständischen Automobilzulieferer zu erstellen.

> ***16. KI-Arbeitsplatz-Plan – Wichtige-Bestandteile-Prompt***
>
> Bitte liste die **wichtigsten Bestandteile** eines KI-Arbeitsplatzes zur Prozess- und Workflow-Optimierung für einen Automobilzulieferer mit 200 Mitarbeitern auf.

Schritt 2: Detaillierung mit Perplexity

Nutzen Sie Perplexity, um detaillierte Informationen zu geeigneten **KI-Tools und Best Practices** zu erhalten.

> ***17. KI-Arbeitsplatz-Plan – Wichtige-KI-Tools-Prompt***
>
> Welche KI-Tools sind besonders geeignet, um Lieferkettenprozesse und Personalplanung in mittelständischen Produktionsunternehmen zu optimieren?

Schritt 3:
Zusammenführung und Verfeinerung mit Nele.AI

Fügen Sie die Ergebnisse aus ChatGPT und Perplexity in Nele.AI ein und bitten Sie um eine Zusammenführung und Verfeinerung der Arbeitsstruktur.

18. KI-Arbeitsplatz-Plan – Handlungsempfehlung-Prompt

Ich habe folgende Informationen zu den Bestandteilen eines KI-Arbeitsplatzes und geeigneten Tools für Produktionsprozesse gesammelt.

Bitte erstelle daraus eine **detaillierte Handlungsempfehlung** für die Einrichtung eines KI-Arbeitsplatzes bei der Hoffmann & Schmidt GmbH.

Schritt 4:
Personalisierung und Konkretisierung mit Langdock

Nutzen Sie Langdock, um die **Technologie- und Budgetplanung** für Hoffmann & Schmidt zu personalisieren.

19. KI-Arbeitsplatz-Plan – Wichtige-Bestandteile-Prompt

Bitte ergänze diese Empfehlung mit konkreten Software-Lösungen, geschätzten Implementierungskosten und Schulungsangeboten, passend für ein Unternehmen mit 200 Mitarbeitern im Bereich Automobilzulieferung.

Schritt 5: Überprüfung und Feinschliff

Lesen Sie die erstellte Struktur sorgfältig durch. Nutzen Sie bei Bedarf erneut ein KI-Tool, um bestimmte Prozessschritte zu optimieren oder Kosten-Nutzen-Analysen zu verfeinern.

Vorteile dieses Workflows:

- **Umfassende Informationssammlung** durch verschiedene KI-Perspektiven.
- **Schrittweise Verfeinerung** und Anpassung an die spezifischen Bedürfnisse der Hoffmann & Schmidt GmbH.
- **Kombination von allgemeinem KI-Wissen und branchenspezifischer Expertise** im Automobilzulieferbereich.
- **Zeitersparnis bei gleichzeitiger Steigerung der Prozessqualität** und Effizienz.

- **Kontinuierliche Verbesserung der Arbeitsabläufe** durch regelmäßige KI-gestützte Anpassungen.

Indem Sie diesen Workflow regelmäßig anwenden und optimieren, schaffen Sie eine **effiziente Methode zur Einrichtung und Nutzung eines KI-Arbeitsplatzes**, die sowohl **Zeit spart** als auch die **Qualität und Produktivität** bei der **Hoffmann & Schmidt GmbH** nachhaltig verbessert.

6. Tipp: Geschütztes Arbeiten ermöglichen

Bevor wir weitermachen können: Seien Sie vorsichtig mit der Eingabe von Mandantendaten, Betriebsgeheimnissen und anderen datenschutzsensiblen Inhalten. In diesem Zusammenhang hört man oft Begriffe wie „Offline KI", „Anonymisierung" und „Pseudonymisierung", „DSGVO-konforme KI", „CLOUD Act", „EU AI Act".

Was versteht man unter diesen Begriffen?

Anonymisierungs-Methoden

1. **Offline-KI**
2. **Online-KI**
3. **DSGVO-konforme** Lösung
4. **ISO** 27001 Zertifizierung

1. Methode: Offline-KI

Offline-KI und Online-KI unterscheiden sich hauptsächlich in ihrer Betriebsumgebung und den Anforderungen an Datenschutz und Infrastruktur.

- **Betriebsumgebung:** Läuft lokal auf dem Computer oder Server des Anwenders.
- **Datenschutz:** Keine Anonymisierung der Daten erforderlich, da die Daten das lokale Netzwerk nicht verlassen.

- **Sicherheitsaspekt:** Geringeres Risiko von Datenabfangen oder -missbrauch, da keine Internetverbindung nötig ist.
- **Leistung:** Abhängig von der Rechenkapazität der lokalen Hardware.
- **Verfügbarkeit:** Funktioniert auch ohne Internetverbindung.
- **Beispiele: IBM Watson Studio:** Bietet Tools zur Entwicklung und Verwaltung von KI-Modellen auf lokalen Servern. **RapidMiner:** Eine Plattform für Data Science und maschinelles Lernen, die lokal betrieben werden kann. **H2O.ai:** Bietet Open-Source-KI-Software, die lokal installiert und genutzt werden kann.

2. Methode: Online-KI

- **Betriebsumgebung:** Läuft auf **entfernten Servern** oder in der **Cloud** und erfordert eine **Internetverbindung**.
- **Datenschutz:** Erfordert die Anonymisierung der Daten, um den Schutz sensibler Informationen zu gewährleisten.
- **Sicherheitsaspekt:** Höheres Risiko von Datenabfangen oder -missbrauch durch Datenübertragung über das Internet.
- **Leistung:** Profitiert von skalierbarer Rechenleistung der Cloud-Server, oft leistungsfähiger.
- **Verfügbarkeit:** Erfordert eine stabile Internetverbindung, aber von überall zugänglich.
- **Beispiele: OpenAI GPT-4:** Bietet KI-Modelle über API-Zugriff in der Cloud an. **Google Cloud AI:** Bietet eine Vielzahl von KI- und maschinellen Lernmodellen über die Cloud. **Microsoft Azure AI:** Eine Cloud-Plattform, die verschiedene KI-Dienste und -Tools zur Verfügung stellt.

3. Methode: DSGVO-konforme KI-Lösungen

Einige Anbieter haben spezielle DSGVO-konforme KI-Lösungen entwickelt:

- **Datenschutz:** Erfüllen die strengen Anforderungen der DSGVO.
- **Sicherheit:** Implementieren zusätzliche Sicherheitsmaßnahmen zum Schutz personenbezogener Daten.
- **Transparenz:** Bieten klare Informationen über Datenverarbeitung und -speicherung.
- **Beispiele:** LIBRA, JURA KI-Assistent von RA-Micro, Beck-Chat von beck-online.

4. Methode: ISO-27001-Zertifizierung

- **Verfahren:** Ein Informationssicherheits-Managementsystem (ISMS) wird nach den Vorgaben der ISO-27001-Norm implementiert.
- **Sicherheit:** Das ISMS wird von einer akkreditierten Zertifizierungsstelle geprüft und auditiert.
- **Nachweis:** Bei Erfüllung aller Anforderungen wird ein ISO-27001-Zertifikat ausgestellt.
- **Evaluation:** Regelmäßige Überwachungsaudits stellen die kontinuierliche Einhaltung sicher.
- **Regeln:** Die Zertifizierung bestätigt die Einhaltung international anerkannter Best Practices für Informationssicherheit.

Exkurs: Was ist der Hintergrund des CLOUD Acts und des EU AI Acts?

Was ist der CLOUD Act?

- Der CLOUD Act (Clarifying Lawful Overseas Use of Data Act) ist ein US-Gesetz, das 2018 verabschiedet wurde. Es ermöglicht US-Behörden, auf Daten zuzugreifen, die von US-Unternehmen auch außerhalb der USA gespeichert werden.

- Der Auslöser für dieses Gesetz war ein **Streit** zwischen Microsoft und den US-Behörden, bei dem Microsoft sich weigerte, Daten von Servern in Irland herauszugeben.

Für Unternehmen wie die **Hoffmann & Schmidt GmbH**, die möglicherweise US-basierte Cloud-Dienste für ihre KI-Arbeitsplätze nutzen, birgt dies Datenschutzrisiken, wenn sensible Betriebs- oder Kundendaten betroffen sind.

Was ist der EU AI Act?

- Der EU AI Act ist ein europäisches Gesetz, das darauf abzielt, die Entwicklung und Nutzung Künstlicher Intelligenz in der EU zu regulieren. Er wurde 2021 von der Europäischen Kommission vorgeschlagen und verfolgt das Ziel, sicherzustellen, dass KI-Systeme sicher, transparent und konform mit den europäischen Werten sind. Der EU AI Act klassifiziert KI-Anwendungen nach Risikostufen, wobei Hochrisiko-Anwendungen strenge Auflagen erfüllen müssen, um den Schutz von Grundrechten zu gewährleisten.
- Der EU AI Act fordert zusätzlich strikte Anforderungen an Transparenz, Risikomanagement und Sicherheit für KI-Systeme, die in der EU eingesetzt werden sollen. Ziel ist es, eine vertrauenswürdige und menschenzentrierte KI zu fördern und potenzielle Risiken für die Gesellschaft zu minimieren.

Auswirkungen des EU AI Acts

- Unternehmen, die KI-Lösungen entwickeln oder einsetzen, müssen sicherstellen, dass ihre KI-Systeme den Anforderungen des EU AI Acts entsprechen. Dies umfasst unter anderem die **Transparenz** der **Entscheidungsfindung**, **Risikobewertungen** und die **Dokumentation** der KI-Prozesse.
- Besonders **Hochrisiko-Anwendungen**, wie KI im Gesundheitswesen, in der Strafverfolgung oder der Personalverwaltung, sind stark reguliert und erfordern umfangreiche Risikobewertungen sowie

Konformitätsprüfungen. Unternehmen müssen sicherstellen, dass ihre Systeme keine Diskriminierung verursachen und in ihrer Anwendung sicher sind.

- Der EU AI Act könnte die **Innovationskosten** für KI-Unternehmen erhöhen, da diese zusätzliche Auflagen erfüllen müssen, um die Anforderungen an Risikomanagement und Sicherheit zu erfüllen. Dies könnte besonders für kleine und mittelständische Unternehmen eine Herausforderung darstellen.
- Gleichzeitig schafft der EU AI Act jedoch auch **Chancen**, indem er Vertrauen in KI-Systeme fördert. Unternehmen, die konforme und sichere KI-Lösungen anbieten, können sich so auf dem Markt als vertrauenswürdige Anbieter positionieren und Wettbewerbsvorteile erlangen.

Anforderungen des EU AI Acts: Bei der **Einrichtung von KI-Arbeitsplätzen** müssen Unternehmen wie Hoffmann & Schmidt sicherstellen, dass ihre **KI-Prozesse dokumentiert, risikobewertet und transparent** sind.

Konflikt mit der DSGVO

Die DSGVO (Datenschutz-Grundverordnung) der EU legt strenge Regeln für den Schutz personenbezogener Daten fest. Laut Artikel 48 der DSGVO dürfen sensible Daten nur dann international herausgegeben werden, wenn entsprechende Rechtshilfeabkommen bestehen. Der CLOUD Act steht im Widerspruch dazu, da er US-Behörden den Zugriff auf Daten ermöglicht, ohne dass solche Abkommen existieren: Zwischen der EU und den USA gibt es nämlich kein Rechtshilfeabkommen in Bezug auf den CLOUD Act.

Konsequenzen für europäische Unternehmen

- **Datenschutzrisiko:** Unternehmen, die US-basierte Cloud-Dienste nutzen, laufen Gefahr, gegen die DSGVO zu verstoßen, wenn sie Daten an US-Behörden herausgeben müssen.
- **Rechtliche Unsicherheit: Europäische Unternehmen müssen sich entscheiden, ob sie gegen die DSGVO**

oder den CLOUD Act verstoßen, was rechtliche Konsequenzen und Vertrauensverlust bei Kunden zur Folge haben kann.

Praktische Tipps zur Anonymisierung beziehungsweise Pseudonymisierung von Daten für die Online-KI

Um den Datenschutz bei der Verwendung von Online-KI zu gewährleisten, ist eine Anonymisierung der Daten unerlässlich. Hier sind einige Methoden zur Anonymisierung:

1. Tipp: Händische Anonymisierung: Anonymisieren Sie sensible Daten: Wenn möglich, anonymisieren oder pseudonymisieren Sie personenbezogene Daten vor der Speicherung in der Cloud. Sensible Informationen können auch manuell entfernt oder ersetzt werden, bevor die Daten in die Online-KI eingegeben werden. Das ist zeitaufwendig, bietet aber eine hohe Kontrolle über die Anonymisierung.

2. Tipp: Anonymisierungsprogramme: Der Einsatz von spezialisierten Programmen kann den Prozess der Anonymisierung automatisieren und beschleunigen. Diese Programme erkennen und ersetzen sensible Informationen automatisch beziehungsweise nach Vorgaben des Nutzers.

3. Tipp: Erwägen Sie lokale Speicherlösungen: Für besonders sensible Daten kann eine lokale Speicherung ohne Cloud-Anbindung die sicherste Option sein. **Offline-KI** bietet mehr Kontrolle und Sicherheit bei der Handhabung sensibler Daten, während **Online-KI** durch ihre leistungsfähige, skalierbare Infrastruktur und Aktualität überzeugt, jedoch eine Anonymisierung der Daten voraussetzt.

4. Tipp: Wählen Sie EU-basierte Cloud-Dienste: Nutzen Sie ausschließlich Cloud-Anbieter mit Firmensitz und Rechenzentren in der EU, um die Einhaltung der DSGVO zu gewährleisten.

5. Tipp: Implementieren Sie starke Verschlüsselung: Verwenden Sie verschlüsselte Cloud-Dienste. Der CLOUD Act verpflichtet nur zur Datenübermittlung, nicht zur Entschlüsselung.

6. Tipp: Prüfen Sie Ihre aktuellen Cloud-Anbieter: Überprüfen Sie, ob Ihre derzeitigen Anbieter dem CLOUD Act unterliegen, und erwägen Sie gegebenenfalls einen Wechsel.

7. Tipp: Informieren Sie Ihre Mitarbeiter: Klären Sie Ihre Mitarbeiter über die Risiken bei der Nutzung von US-basierten Cloud-Diensten auf und holen Sie gegebenenfalls deren Einwilligung ein.

8. Tipp: Bleiben Sie informiert: Halten Sie sich über Entwicklungen im Bereich internationaler Datenschutzgesetze und möglicher neuer Abkommen zwischen der EU und den USA auf dem Laufenden.

9. Tipp: Dokumentieren Sie Ihre Maßnahmen: Führen Sie eine detaillierte Dokumentation Ihrer Datenschutzmaßnahmen, um im Falle einer Prüfung Ihre Sorgfaltspflicht nachweisen zu können.

9. Tipp: Schulen Sie Ihr Personal: Stellen Sie sicher, dass alle Mitarbeiter die Risiken verstehen und die korrekten Verfahren zur Datenspeicherung und -verarbeitung kennen.

10. Tipp: Konsultieren Sie Datenschutzexperten: Bei Unsicherheiten bezüglich der rechtlichen Implikationen des CLOUD Acts für Ihre Kanzlei ziehen Sie Datenschutzexperten zurate.

11. Tipp: Deaktivieren Sie die Datennutzung für Trainingszwecke:

In den Einstellungen von ChatGPT kann festgelegt werden, dass eingegebene Daten nicht für das Training zukünftiger KI-Modelle verwendet werden. Diese Option sollte deaktiviert werden, um sicherzustellen, dass sensible Informationen nicht in die Weiterentwicklung der KI einfließen.

12. Tipp: Nutzen Sie den provisorischen Chat-Modus:

Der sogenannte „provisorische Chat“ bietet die Möglichkeit, KI-Anfragen zu stellen, ohne dass die Inhalte gespeichert oder für künftige Sitzungen genutzt werden. Dies erhöht die Datensicherheit und verhindert, dass vertrauliche Informationen langfristig auf Servern hinterlegt werden.

Für die Hoffmann & Schmidt GmbH bedeutet dies, dass bei der **Einrichtung von KI-Arbeitsplätzen** nicht nur die **Prozess- und Workflow-Optimierung** im Fokus steht, sondern auch die **Einhaltung der Datenschutzvorgaben** - eine Grundvoraussetzung für einen erfolgreichen und rechtssicheren Einsatz von KI im Unternehmen.

4. Schritt: Schlechte Prompts erkennen

Die Kunst, gute Prompts zu formulieren, ist eine Schlüsselkompetenz im effektiven Einsatz von KI-Tools.

Gerade bei der Einführung von KI in Arbeitsabläufe in Unternehmen wie die Hoffmann & Schmidt GmbH ist **Präzision** entscheidend, um Arbeitsprozesse zu automatisieren und Workflows effizient zu gestalten.

Gut formulierte Prompts können die Effizienz und Zielgenauigkeit erheblich steigern, während unklare oder ineffiziente Prompts die Arbeit erschweren und zu wenig hilfreichen Ergebnissen führen.

Im Folgenden stellen wir grundlegende Regeln vor, um schlechte Prompts zu vermeiden und stattdessen präzise, aussagekräftige Eingaben zu erstellen:

Regel 1: Verwendung natürlicher Sprache

Ein erfolgreicher Prompt sollte in **klarer, verständlicher Sprache** formuliert sein. Die KI versteht natürliche Sprache am besten, wenn sie prägnant und direkt ist.

20. Verwendung natürlicher Sprache

❌ Mach was mit Prozessoptimierung bei Hoffmann & Schmidt.

✅ Erstelle einen Ablaufplan für die Einrichtung eines KI-Arbeitsplatzes bei der Hoffmann & Schmidt GmbH. Berücksichtige die Automatisierung von Bestellprozessen, Personalplanung und Lieferkettenmanagement.

Warum?

Der **1. Prompt** ist vage und liefert der KI keine konkreten Anhaltspunkte.

Der **2. Prompt** ist klar formuliert und gibt spezifische Anweisungen, was zu einem zielgerichteten Ergebnis führt – entscheidend für den erfolgreichen Einsatz eines **KI-Arbeitsplatzes bei der Hoffmann & Schmidt GmbH**.

Regel 2: Spezifität und Wiederholung

Geben Sie der KI möglichst **viele Details** und wiederholen Sie zentrale Informationen, um sicherzustellen, dass nichts übersehen wird.

21. Spezifität und Wiederholung

❌ Optimiere die Abläufe bei Hoffmann & Schmidt.

✅ Erstelle einen Plan zur Optimierung der Arbeitsprozesse bei der Hoffmann & Schmidt GmbH. Analysiere die aktuellen Lieferkettenprozesse, identifiziere Engpässe und schlage Maßnahmen vor, um durch einen KI-Arbeitsplatz Bestellwesen, Personalplanung und Verwaltungsaufgaben effizienter zu gestalten.

Der **1. Prompt** ist zu allgemein und führt wahrscheinlich zu einer oberflächlichen Antwort.

Der **2. Prompt** liefert klare Details und **wiederholt die zentralen Aufgaben**, sodass die KI genau versteht, worauf sie sich konzentrieren soll – ein Muss für die Einrichtung eines KI-Arbeitsplatzes bei der Hoffmann & Schmidt GmbH.

Regel 3: Kürze und Vermeidung von Komplexität

Vermeiden Sie übermäßig lange oder komplexe Prompts. Halten Sie die Eingaben kurz und prägnant, ohne wesentliche Informationen auszulassen.

22. Kürze und Vermeidung von Komplexität

❌ Erstelle einen umfassenden Bericht zur Optimierung der Lieferkettenprozesse bei Hoffmann & Schmidt, analysiere dabei die aktuellen Abläufe, identifiziere Engpässe, berücksichtige regionale Lieferanten, Personalplanung und mögliche technische Implementierungen.

✅ Analysiere die Lieferkettenprozesse bei Hoffmann & Schmidt und schlage Maßnahmen zur Optimierung vor.

Ein zu komplexer Prompt kann die KI verwirren oder zu unstrukturierten Antworten führen. Ein kürzerer, klarer Prompt sorgt für fokussierte Ergebnisse.

Regel 4: Trennung von Anweisungen und Inhalt durch Symbole

Nutzen Sie Symbole oder klare Abgrenzungen, um der KI Anweisungen und Inhalte verständlich zu machen.

23. Trennung von Anweisungen und Inhalt durch Symbole

❌ Optimiere diese Prozesse hier ... Nr. 1, Nr. 2., Nr. X ... bei Hoffmann & Schmidt mit Fokus auf Lieferketten und Personal.

✅ Verwende folgende Informationen:

(Hoffmann & Schmidt GmbH, Lieferengpässe, ineffiziente Abläufe, fehlende digitale Arbeitsprozesse)

Erstelle einen Optimierungsplan für die Einrichtung eines KI-Arbeitsplatzes mit Maßnahmen zur Automatisierung und Workflow-Verbesserung.

Ohne klare Trennung kann die KI Schwierigkeiten haben, die Anweisungen richtig zu interpretieren. Die Verwendung von Symbolen oder Klammern sorgt für bessere Ergebnisse.

Regel 5: Dialogorientierung und iterativer Prozess

Sehen Sie den Umgang mit der KI als **fortlaufenden Dialog**, bei dem Sie **Antworten schrittweise verfeinern** können.

24. Dialogorientierung und iterativer Prozess

❌ Mach den Optimierungsplan besser.

> ✅ Überprüfe den Optimierungsplan und ergänze Maßnahmen zur Automatisierung der Lieferkettenprozesse bei Hoffmann & Schmidt. Frage mich nach jeder vorgeschlagenen Maßnahme, ob sie in einem mittelständischen Automobilzulieferer mit 200 Mitarbeitern praktisch umsetzbar ist.

Der **1. Prompt** ist zu unklar. Der **2.** fordert eine konkrete Verbesserung und fördert einen iterativen Prozess, bei dem die KI Schritt für Schritt angepasst wird – unerlässlich für eine effiziente Einrichtung eines KI-Arbeitsplatzes bei der Hoffmann & Schmidt GmbH.

Zusammenfassung

Schlechte Prompts führen zu ungenauen oder irrelevanten Ergebnissen.

Mit **klaren, spezifischen und dialogorientierten Eingaben** wird die KI zu einem wertvollen Werkzeug, das Unternehmer wie Laura Hoffmann und Markus Schmidt sowie die Berater Hanna Herz und Klemens Klug dabei unterstützt, präzise und effektive Lösungen zu entwickeln – insbesondere bei der Einrichtung von KI-Arbeitsplätzen und der Optimierung von Prozessen und Workflows bei der Hoffmann & Schmidt GmbH.

Probieren Sie die oben genannten Regeln aus und entwickeln Sie Ihre Fähigkeiten weiter, um das volle Potenzial von KI-Tools für Ihr Unternehmen auszuschöpfen!

5. Schritt: Unstrukturierte Prompts

War das schon alles?

Gibt man, wie im vorherigen Kapitel gezeigt, einfach, **wie es einem gerade einfällt,** Prompt-Texte ein?

„JEIN!"

Man spricht dabei dann von **unstrukturierten Arbeiten** versus **strukturierten, vorgefertigten, logischen, regelbasierten Arbeiten. Intuition** beim Erstellen des Eingabetextes ist eine wesentliche Voraussetzung für gute Prompts – gerade bei der Einrichtung von KI-Arbeitsplätzen für Unternehmen wie die Hoffmann & Schmidt GmbH.

Wie unterscheidet man unstrukturiertes Prompten versus vorgefertigtes Prompten? Was ist unstrukturiertes Prompten?

Unstrukturiertes Prompten ist eine Methode, bei der Benutzer

- durch Eingabe von **natürlichen, unformatierten oder frei formulierten Texten** mit der KI interagieren und
- **ohne spezielle technische Kenntnisse** oder
- **ohne** eine **genaue Struktur** der Eingaben arbeiten.

> ***25. Erste Unstrukturierte-Beispiels-Prompts***
>
> ✅ Wie kann die Hoffmann & Schmidt GmbH ihre Lieferengpässe mit einem KI-Arbeitsplatz beheben?
>
> ✅ Welche Maßnahmen könnten kurzfristig helfen, die Produktionsprozesse effizienter zu gestalten?

Wie kann man als ungeübter KI-User unstrukturiertes Prompten lernen?

Intuition hat man oder man hat sie nicht? Stimmt das? **Ja und nein!**

Sicherlich kann manchen Menschen ein gewisses Erkennen von Situationen und Lösungswegen leichter fallen als anderen.

Aber wir alle haben **von der Natur aus ein Gefühl,** eine Intuition bekommen, was der nächste richtige Schritt sein könnte, wenn wir ein Ziel verfolgen.

Deshalb: Übung ist auch hier das richtige Mittel, um die eigene Intuition im KI-Bereich auszubauen und zu trainieren.

Hier ein erster „Trainingsplan“ mit **5 kurzen Regeln**, um als ungeübter User **unstrukturiertes Prompten** zu erlernen:

5 Regeln des unstrukturierten Promptens

- **1. Einfachheits-Regel = Beginnen Sie mit einfachen Fragen:** Starten Sie Ihre Interaktion mit der KI durch einfache, alltägliche Fragen, um ein Gefühl für die Art der Antworten zu bekommen, die Sie erwarten können.

zum Beispiel: Wie könnte KI die Personalplanung bei Hoffmann & Schmidt unterstützen?

- **2. Experimentier-Regel = Experimentieren Sie mit verschiedenen Formulierungen:** Probieren Sie unterschiedliche Formulierungen derselben Frage aus, um zu sehen, wie kleine Änderungen in der Eingabe die KI-Antwort beeinflussen können.

zum Beispiel: *Wie kann KI die Personalplanung optimieren?* vs. *Welche KI-Prompts eignen sich für die Personalplanung bei Hoffmann & Schmidt?*

- **3. Feedback-Regel = Nutzen Sie Feedback aktiv:** Bewerten Sie die Nützlichkeit und Relevanz der Antworten, die Sie erhalten, und passen Sie Ihre nächsten Prompts basierend auf diesem Feedback an.
- **4. Schritt-für-Schritt-Regel = Erweitern Sie schrittweise die Komplexität Ihrer Prompts:** Sobald Sie mit grundlegenden Interaktionen vertraut sind, beginnen Sie, komplexere Fragen zu stellen, die mehr Denken und eine detaillierte Antwort erfordern.
- **5. Reflexions-Regel = Reflektieren und lernen Sie aus jedem Ergebnis:** Nehmen Sie sich Zeit, um zu reflektieren, was gut funktioniert und was nicht, und nutzen Sie diese Erkenntnisse, um Ihre Fähigkeit, effektive Prompts zu setzen, kontinuierlich zu verbessern.

Diese Regeln werden wir in den kommenden Kapiteln mit **Praxisbeispielen** aus der **Hoffmann & Schmidt GmbH** anwenden – **keine Angst, es ist ganz leicht!**

Aber was ist jetzt besser: unstrukturiertes „versus" regelbasiertes Prompten?

Ein oft diskutierter Punkt in diesem Zusammenhang sind die Fragen,

- **ob unstrukturiertes oder regelbasiertes Prompten** besser ist,
- wie man denn nun mit den KI-Tools (LLM) **„redet"**,
- wie man sie **behandelt**, wenn sie nicht das machen, was man gerade von ihnen verlangt.

Die Lösung lautet, dass es **kein „Versus"** gibt – der Schlüssel liegt in der **Kombination**. Beides zu beherrschen, ist die eigentliche Kunst des Promptens und der richtige Umgang mit KI.

Der richtige Umgang mit KI bedeutet:

- Sich der **Möglichkeiten und Grenzen** dieser Technologie bewusst zu sein.
- Die KI so zu nutzen, dass sie unsere **Fähigkeiten ergänzt**, nicht ersetzt.
- KI als **Werkzeug** zu verstehen, das uns bei der **Optimierung komplexer Prozesse** unterstützt, ohne den **menschlichen Faktor** zu vernachlässigen.

Wie bei den Umgangsformen nach Knigge[9] erfordert auch der Umgang mit KI eine **Balance zwischen Kreativität und Systematik:**

---

9 *Dieses Thema liegt mir besonders am Herzen, da ich eine persönliche Verbindung zum Freiherrn von Knigge und seinen Lehren habe. In meiner Jugend besuchte ich dieselbe Schule wie ein Nachfahre des berühmten Autors. Zudem lebte ich in dem malerischen Dorf Bredenbeck bei Hannover, in dem die Knigges einen wunderschönen Gutshof besitzen. Diese Erlebnisse haben meine Wertschätzung für die Eleganz und Raffinesse der Knniggeschen Manieren nachhaltig geprägt. So wie ich* ***damals von den Weisheiten des Freiherrn profitierte****, inspiriert mich heute die Herausforderung, den richtigen Umgang mit der KI zu finden.*

- **Unstrukturiertes Prompten** bietet **Flexibilität und Kreativität**, um spontan auf neue Herausforderungen zu reagieren.
- **Regelbasiertes Prompten** sorgt für **Sicherheit und Konsistenz**, besonders bei komplexen, wiederkehrenden Aufgaben wie der **Automatisierung von Lieferkettenprozessen oder der Personalplanung.**

Der Einsatz von Künstlicher Intelligenz (KI) in unserem täglichen Leben und insbesondere im beruflichen Umfeld ist aus meiner Sicht **vergleichbar mit dem Erlernen der richtigen Umgangsformen**, wie sie einst Adolph Freiherr von Knigge in seinem berühmten Benimmbuch „Über den Umgang mit Menschen" beschrieben hat.

Tatsächlich geht es bei beiden um das **Erreichen eines harmonischen und effektiven Miteinanders** – sei es im menschlichen oder im digitalen Kontext.

Beispiel aus der Praxis bei der Hoffmann & Schmidt GmbH:

Ein **KI-Arbeitsplatz** kann unstrukturiertes Prompten nutzen, um **kreative Ansätze zur Prozessoptimierung** zu entwickeln.

26. Innovative-Maßnahmen-Prompt

Welche innovativen Maßnahmen könnten helfen, Lieferengpässe bei Hoffmann & Schmidt kurzfristig zu reduzieren?

Gleichzeitig bietet regelbasiertes Prompten **Struktur**, zum Beispiel:

27. Ablaufplan-Prompt

Erstelle einen Ablaufplan für die Einrichtung eines KI-Arbeitsplatzes bei Hoffmann & Schmidt. Gliedere die Maßnahmen in die Bereiche Einkauf, Produktion und Personal.

Der **richtige Umgang mit KI** bedeutet, beide Methoden **bewusst zu kombinieren** – genau wie Knigge lehrte, die **richtigen Manieren situationsgerecht** anzuwenden.

Fazit:

- Unstrukturiertes Prompten = **Flexibilität und Kreativität**
- Regelbasiertes Prompten = **Struktur und Konsistenz**

Nur durch Übung und Erfahrung lässt sich diese **Kunst des Promptens** vervollkommnen – eine Fähigkeit, die für die Prozess- und Workflow-Optimierung bei der Hoffmann & Schmidt GmbH entscheidend ist.

Zurück zum Thema unstrukturiertes „Sprechen" beziehungsweise „Prompten" mit KI-Tools

Die Kunst des **unstrukturierten** Promptens ermöglicht es, kreativ und flexibel auf die Gegebenheiten zu reagieren, während das **strukturierte** Prompten durch seine Struktur und Systematik Sicherheit und Konsistenz bietet.

Wie bei Knigge geht es auch beim Umgang mit KI darum, die **vielfältigen Methoden** je nach Situation passend zu **kombinieren**, um das bestmögliche **Ergebnis** zu erzielen – besonders bei der **Einrichtung eines KI-Arbeitsplatzes** und der **Optimierung von Prozessen** bei der **Hoffmann & Schmidt GmbH**.

Praxisbeispiel:

Bei der Einrichtung eines **KI-Arbeitsplatzes** kann die KI

- sowohl für die **Planung der technischen Infrastruktur** (zum Beispiel Tools, Schnittstellen, Automatisierungsschritte) genutzt werden
- als auch, um **kreative Ideen** für die Optimierung von Lieferketten oder Personalprozessen vorzuschlagen.

Fazit:

Der **richtige Umgang mit KI** bedeutet eine **bewusste und reflektierte Nutzung**, die unsere **Stärken ergänzt** und uns im Unternehmensalltag bereichert - eine **Kunst**, die durch Übung und Erfahrung perfektioniert wird.

Grundaufbau: Vom richtigen Umgang mit KI

Aus der Sicht der **stark formalisierten, juristischen Arbeitsweise** mit **komplexen Sachverhalten** und **rechtlich umfangreich eingebetteten Rechtsproblemen** empfiehlt sich aus meiner Sicht folgender Grundaufbau:

Vom richtigen Umgang mit KI

1. Schritt: Start mit **unstrukturierten** Prompts und Erhalt erster Ergebnisse.

Erste explorative Fragen stellen, um Ideen und Vorschläge der KI zu erhalten.

2. Schritt: Weiter mit **strukturierten** Prompts, die die Ergebnisse verfeinern und an die Bedürfnisse des Nutzers anpassen.

Klare Anweisungen geben, die spezifische Ergebnisse verlangen.

3. Schritt: Mit **superstrukturierten** Prompts weiter die Ergebnisse vertiefen und vervollständigen.

Eingaben nutzen, die auf Regeln und Methoden wie der „goldenen Richterpromptregel“ basieren, um besonders präzise Ergebnisse zu erzielen.

4. Schritt: (Teil-)Ergebnisse dann mit Verfeinerungs-Prompts und -Methoden verfeinern.

Antworten durch iterative Prompts weiter ausarbeiten und detaillieren.

5. Schritt: Schließlich werden **Evaluations**-Prompts und -Methoden verwendet, um die Ergebnisse abzusichern.

Ergebnisse kritisch prüfen, Widersprüche aufdecken und die besten Optionen auswählen.

6. Schritt: Strukturiertes Prompten lernen

Bei der **Einrichtung von KI-gestützten Arbeitsplätzen** – wie im Fall der Hoffmann & Schmidt GmbH – ist der gezielte Einsatz von KI-Tools essenziell, um **präzise und umsetzbare Ergebnisse** zu erzielen.

Im Gegensatz zum **unstrukturierten Prompten** erfordert das **strukturierte Prompten** klare Vorgaben und einen **systematischen Ansatz.**

Warum ist strukturiertes Prompten wichtig?

Einer der häufigsten Gedanken bei der Nutzung von KI ist: ***„Kann eine KI tatsächlich die Expertise eines erfahrenen Unternehmers ersetzen?"***

Antwort: „JEIN!"

- **Nein,** weil die KI **kein eigenständiges Wissen** oder **praktische Erfahrung** besitzt.
- **Ja,** weil die KI auf der Grundlage menschlicher Expertise **trainiert** wurde und **Zugang zu einer Fülle von Prozessanalysen, Best Practices und Fallstudien** hat.

Was der KI jedoch **fehlt**, ist die Fähigkeit, **Kontext und Nuancen eigenständig zu erkennen** – genau hier kommt **strukturiertes** Prompten ins Spiel.

Es hilft der KI, sich innerhalb eines klar definierten Rahmens zu bewegen, der für komplexe Fälle unerlässlich ist.

Übergang von **unstrukturierten** Ergebnissen zu ersten **strukturierten** Prompts

- **1. Tipp:** Anwenderspezifische **Anforderungen** mit wesentlichen Bestandteilen (**sogenannte Anforderungsprofile**) hochladen oder erstellen lassen
- **2. Tipp: Leitfaden** hochladen oder erstellen lassen
- **3. Tipp: Muster** hochladen oder anfertigen lassen

1. Tipp: Betriebliche Anforderungsprofile mit wesentlichen Bestandteilen hochladen

Laden Sie ein oder mehrere **detaillierte Anforderungsprofile** hoch, die alle wichtigen Elemente enthalten, um das spezifische Problem eines Unternehmens – wie hier bei der **Hoffmann & Schmidt GmbH** – zu lösen.

Diese Anforderungsprofile könnten bestehen aus:

- **praxisbewährten Beispielen:** Berichte oder Empfehlungen aus früheren Projekten, in denen **KI-gestützte Arbeitsplätze** erfolgreich eingeführt und Prozesse optimiert wurden,
- **Vorlagen aus internen Wissensdatenbanken:** Prozessbeschreibungen oder Ablaufpläne, die in ähnlichen Unternehmenskontexten bereits als Grundlage dienten,
- **externen Quellen:** Best Practices oder Handlungsempfehlungen aus Online-Ressourcen wie **Industrieportalen**, **Branchenverbänden** oder **KI-Plattformen**,
- **ersten Skizzen:** grobe Entwürfe, die Ihre bisherigen Erkenntnisse und die spezifischen **Optimierungsbedarfe** der **Hoffmann & Schmidt GmbH** widerspiegeln.

Falls keine vorhandenen Anforderungsprofile verfügbar sind, kann die **KI selbst Vorschläge und Profile** basierend auf den beschriebenen Anforderungen des Unternehmens erstellen.

Warum ist das wichtig?

Mit **KI-gestützten Arbeitsplätzen** starten Sie **nie wieder bei null!**

Indem Sie der KI Zugriff auf betriebsinterne **Anforderungsprofile** gewähren, ermöglichen Sie ihr, den betrieblichen Kontext zu verstehen und **gezielt** darauf einzugehen.

Ergebnis:
Diese Dokumente bieten der KI einen **klaren Rahmen** und erleichtern es, **individuelle und maßgeschneiderte Lösungen** für die **Prozess- und Workflow-Optimierung** bei der **Hoffmann & Schmidt GmbH** zu entwickeln.

2. Tipp: Leitfaden erstellen lassen

Bitten Sie die KI, einen **Leitfaden** für die Einrichtung eines KI-gestützten Arbeitsplatzes bei der **Hoffmann & Schmidt GmbH** zu erstellen. Dieser Leitfaden sollte die Struktur und die wichtigsten Schritte festlegen, um sicherzustellen, dass alle relevanten Aspekte berücksichtigt werden.

Beispiel für einen Leitfaden zur Fachkräftegewinnung:

1. Analyse der aktuellen Arbeitsprozesse:
- Überblick über bestehende Abläufe in Produktion, Logistik und Verwaltung.
- Bewertung der größten Engpässe, wie Lieferkettenprobleme und hohe Verwaltungslasten.

2. Definition des Bedarfs:
- Kurzfristige Ziele: Automatisierung von Bestellungen und Personalplanung.
- Langfristige Ziele: Zurverfügungstellung von KI-Arbeitsplatz-Einrichtungen für alle Abteilungen.

3. Maßnahmenplanung:
- Auswahl geeigneter KI-Tools für Prozessanalyse, Workflow-Management und Echtzeitauswertung.
- Planung von Schulungen für Mitarbeitende zur Nutzung der KI-gestützten Arbeitsabläufe.

4. Umsetzung:
- Einrichtung des KI-Arbeitsplatzes, Integration mit bestehenden Systemen (zum Beispiel ERP).
- Automatisierung erster Prozesse, wie Bedarfsprognosen und Ressourcenplanung.

5. **Erfolgskontrolle:**
    - Bewertung der implementierten Maßnahmen durch KPIs wie Prozessgeschwindigkeit und Fehlerreduktion.
    - Kontinuierliche Optimierung der Arbeitsabläufe und Anpassung der KI-Tools.

Ein solcher Leitfaden sorgt dafür, dass kein wichtiger Schritt übersehen wird und die Einrichtung des KI-geführten Arbeitsplatzes bei der Hoffmann & Schmidt GmbH zielgerichtet und strukturiert bleibt.

3. Tipp: Muster anfertigen lassen

Bitten Sie die KI, ein **Muster für einen Ablaufplan zur Einrichtung eines KI-geführten Arbeitsplatzes** bei der **Hoffmann & Schmidt GmbH** zu erstellen. Dieses Muster kann dann individuell angepasst und weiter verfeinert werden.

Beispiel für den Aufbau eines Muster-Ablaufplans:

1. **Einleitung:**
    - Vorstellung der aktuellen **Unternehmenssituation** und Zielsetzung (zum Beispiel: „Optimierung der Arbeitsprozesse und Reduktion von Lieferengpässen durch KI-gestützte Arbeitsabläufe").
2. **Analyse:**
    - Beschreibung der aktuellen **Herausforderungen** (zum Beispiel ineffiziente Lieferketten, hoher Verwaltungsaufwand, fehlende digitale Prozesse).
3. **Maßnahmenvorschläge:**
    - **Konkrete Schritte** zur Einrichtung KI-ausgestatteter Arbeitsplätze (zum Beispiel Auswahl passender KI-Tools, Integration in bestehende Systeme, Automatisierung wiederkehrender Aufgaben).

4. Erfolgskontrolle:
- Vorschlag zur regelmäßigen **Bewertung** der Maßnahmen (zum Beispiel Überwachung von Prozesszeiten, Effizienzsteigerung und Fehlerreduktion).

Ein solches **Muster** dient als **Ausgangspunkt**, der weiter an die **individuellen Bedürfnisse der Hoffmann & Schmidt GmbH** angepasst werden kann – ein entscheidender Schritt zur erfolgreichen Einrichtung KI-gestützter Arbeitsplätze und zur nachhaltigen Optimierung betrieblicher Abläufe.

Anwenderspezifische Anforderungsprofile

Anwenderspezifische Anforderungsprofile: Ablaufplan für die Einrichtung KI-gestützter Arbeitsplätze

1. Schritt: Wesentliche Bestandteile zusammentragen

28. KI-Integrations-Ablaufplan – Wesensbestandteile – Strukturierter Prompt

Was sind die wesentlichen Bestandteile eines Ablaufplans für die Einrichtung eines KI-gestützten Arbeitsplatzes bei einem mittelständischen Unternehmen, das mit Lieferengpässen und ineffizienten Prozessen konfrontiert ist?

Beispiel für KI-Ergebnis: Wesentliche Bestandteile eines Ablaufplanes

1. Einleitung:
- Beschreibung der **aktuellen Unternehmenssituation** (zum Beispiel Lieferengpässe und hoher Verwaltungsaufwand bei der Hoffmann & Schmidt GmbH).
- **Zielsetzung** des Ablaufplans (zum Beispiel Entwicklung und Umsetzung der Einführung von KI-gestützten Arbeitsplätzen zur Prozess- und Workflow-Optimierung).

2. **Analyse:**
   - Darstellung der bestehenden **Herausforderungen** (zum Beispiel langsame Bestellprozesse, fehlende digitale Arbeitsabläufe, unklare Verantwortlichkeiten).
   - **Ursachenanalyse** (zum Beispiel manuelle Dateneingabe, fehlende Automatisierung, unzureichende Schulung der Mitarbeitenden).
3. **Maßnahmenvorschläge:**
   - Entwicklung konkreter **Maßnahmen** (zum Beispiel Implementierung eines KI-Tools zur automatisierten Bedarfsprognose, Schulung der Mitarbeitenden im Umgang mit KI-gestützten Systemen).
   - Kurz- und langfristige **Strategien** zur Umsetzung (zum Beispiel kurzfristig: Einführung eines KI-gestützten Lagerverwaltungssystems; langfristig: vollständige Integration eines KI-gestützten ERP-Systems).
4. **Empfehlungen zur Umsetzung:**
   - **Priorisierung** der Maßnahmen (zum Beispiel zuerst die Automatisierung der Lieferkette, danach die Optimierung der Personalplanung).
   - Praktische **Hinweise** zur Umsetzung (zum Beispiel Auswahl geeigneter KI-Tools, Schulungszeitpläne, Zuständigkeiten der Abteilungen).
5. **Schluss und Ausblick:**
   - **Zusammenfassung** der vorgeschlagenen Maßnahmen.
   - Einladung zur kontinuierlichen **Evaluation** und Anpassung der KI-gestützten Arbeitsabläufe, um den Unternehmenserfolg nachhaltig zu sichern.

Durch die Berücksichtigung dieser Elemente können Unternehmer und Berater mithilfe von KI strukturierte **Ablaufpläne entwickeln**, die die Herausforderungen eines Betriebs –

wie bei der Hoffmann & Schmidt GmbH – klar erfassen und effektive Lösungen zur Einrichtung KI-gestützter Arbeitsplätze bieten.

2. Schritt: Leitfaden erstellen

29. KI-Integrations-Ablaufplan – Leitfaden – Strukturierter Prompt

Welcher Schritt-für-Schritt-Leitfaden kann helfen?

Erstelle aus den gerade zusammengetragenen Bestandteilen eine Anleitung für die Einrichtung KI-ausgerüsteter Arbeitsplätze.

Leitfaden für die Einrichtung eines KI-gestützten Arbeitsplatzes:

1. Einleitung:

- Formulieren Sie den **Anlass** der Einrichtung (zum Beispiel Optimierung der Arbeitsprozesse bei der Hoffmann & Schmidt GmbH).
- Geben Sie eine kurze **Übersicht** über den Zweck des KI-gestützten Arbeitsplatzes.

2. Analyse:

- Beschreiben Sie die aktuelle **Situation** des Unternehmens.
- Führen Sie eine **Ursachenanalyse** durch (zum Beispiel Lieferengpässe, manuelle Prozesse).

3. Maßnahmen entwickeln:

- Erarbeiten Sie spezifische **Vorschläge** zur Einrichtung des KI-gestützten Arbeitsplatzes.
- Unterteilen Sie die Maßnahmen in kurz- und **langfristige Strategien** (zum Beispiel kurzfristig: Einführung eines KI-Tools für Bestellprozesse; langfristig: vollständige Integration eines KI-ERP-Systems).

4. Empfehlungen zur Umsetzung:
- Skizzieren Sie die **nächsten Schritte** für die Implementierung (zum Beispiel Auswahl der Tools, Schulungsmaßnahmen).
- Geben Sie praktische **Tipps** zur Umsetzung der Maßnahmen.

5. Zusammenfassung und Ausblick:
- Fassen Sie die wichtigsten **Punkte** des Ablaufplans zusammen.
- Bieten Sie an, die Umsetzung gemeinsam zu **evaluieren** und weiter anzupassen.

Mit dieser Struktur bleiben alle **wichtigen Punkte im Blick** – perfekt für die zielgerichtete Einrichtung eines KI-geführten Arbeitsplatzes bei der Hoffmann & Schmidt GmbH.

3. Schritt: Muster erstellen

30. KI-Integrations-Ablaufplan – Muster-Erstellung – Strukturierter Prompt

Erstelle aus den gerade zusammengetragenen Bestandteilen und dem Leitfaden ein **Muster mit freigehaltenen Stellen und Mustersätzen** für einen Ablaufplan zur Einrichtung eines KI-gestützten Arbeitsplatzes, der regelmäßig verwendet werden kann.

MUSTERVORLAGE FÜR EINEN KI-INTEGRATIONSPLAN

Unternehmen: [Name des Unternehmens]

Ansprechpartner: [Name der/des Geschäftsführenden]

Abteilung: [Abteilung, zum Beispiel Produktion, Logistik]

Projektbeginn: [Datum]

Projektende: [Datum]

Ziel des KI-Integrationsplans:

[**Beschreibung des Ziels**, zum Beispiel: „Einrichtung eines KI-gestützten Arbeitsplatzes zur Optimierung der Lieferkettenprozesse und Automatisierung administrativer Abläufe."]

1. Einleitung

[Kurze **Einführung** zum Anlass der KI-Integration, zum Beispiel: „Das Unternehmen steht vor Herausforderungen wie Lieferengpässen und hohem Verwaltungsaufwand. Ziel ist es, durch KI-geführte Arbeitsabläufe eine effiziente Prozessstruktur zu schaffen."]

2. Analyse der aktuellen Situation

- **Ist-Zustand:** [Beschreibung der aktuellen Arbeitsprozesse, zum Beispiel: „Manuelle Bestellungen, langsame Reaktionszeiten bei Lieferengpässen und fehlende digitale Tools."]
- **Herausforderungen:** [Auflistung der bestehenden Probleme, zum Beispiel: „Hoher Verwaltungsaufwand, unklare Verantwortlichkeiten und unzureichende Schulung der Mitarbeitenden im Umgang mit digitalen Lösungen."]

3. Maßnahmenvorschläge

3.1 Kurzfristige Maßnahmen

- [**Konkrete Maßnahmen**, zum Beispiel: „Auswahl eines KI-Tools zur Bestandsverwaltung und Bedarfsprognose."]
- [**Vorschläge für Schulungen**, zum Beispiel: „Durchführung eines Einführungs-Workshops zur Nutzung des gewählten KI-Systems."]

3.2 Langfristige Maßnahmen

- [**Strategien für die langfristige Integration**, zum Beispiel: „Implementierung eines zentralen KI-ERP-Systems zur Automatisierung von Bestellungen, Personalplanung und Berichterstattung."]

- [**Maßnahmen zur kontinuierlichen Optimierung**, zum Beispiel: „Regelmäßige Evaluierung der KI-gestützten Prozesse und Anpassung an neue Anforderungen."]

4. Empfehlungen zur Umsetzung

- [**Empfohlene Schritte**, zum Beispiel: „Priorisierung der Implementierung in der Logistikabteilung und schrittweise Ausweitung auf Einkauf und Verwaltung."]
- [**Praktische Tipps**, zum Beispiel: „Regelmäßige Schulungen und Feedback-Runden zur Identifikation von Optimierungspotenzialen."]

5. Erfolgskontrolle

- [**Empfohlene KPIs**, zum Beispiel: „Überwachung der Lieferzeiten, Reduktion der Bearbeitungszeit von Bestellungen und Analyse der Mitarbeiterzufriedenheit."]
- [**Methoden zur Überprüfung**, zum Beispiel: „Quartalsweise Reviews und Anpassung der Maßnahmen, basierend auf den Ergebnissen."]

Hinweis:

Diese Mustervorlage enthält Platzhalter, die individuell angepasst werden können, um den **KI-Integrationsplan** für unterschiedliche **Unternehmen und Anwendungsbereiche** zu verwenden.

7. Schritt: Superstrukturiertes Prompten nach der goldenen Richterpromptregel anwenden

Die „goldene Richterpromptregel" für den Einsatz von KI-gestützten Arbeitsplätzen

Um sicherzustellen, dass Ihre Prompts bei der Einrichtung und Optimierung KI-gestützter Arbeitsabläufe - wie bei der Hoffmann & Schmidt GmbH - effektiv sind und die gewünschten Ergebnisse liefern, wurde die „goldene Richterpromptregel" entwickelt.

Warum diese Regel?

Prozessoptimierung in Unternehmen umfasst vielfältige Herausforderungen:

- **Strategisches Management:** Marktanalysen und Entscheidungsprozesse beschleunigen.
- **Vertrieb:** Effizienteres Lead-Scoring und bessere Priorisierung in der Kundenakquise.
- **Marketing und Kommunikation:** Zielgerichtete Kundenansprache durch datenbasierte Insights.
- **Personalmanagement:** Bessere Planung und Vermeidung von Engpässen.
- **Wissensmanagement:** Zentraler Zugriff auf Erfahrungswissen und effizienter Wissenstransfer.
- **Finanzen und Controlling:** Echtzeitanalysen für fundierte Finanzentscheidungen.
- **Kundenservice:** Schnellere Reaktionszeiten und integrierte Kundendaten.
- **IT und Sicherheit:** Schutz vor Sicherheitslücken und Sicherstellung der Datenintegrität.

Diese **Komplexität** erfordert eine **tiefere Analyse** und eine **strukturierte Herangehensweise**, um mit KI-Systemen nachhaltige Lösungen zu schaffen.

Die „goldene Richterpromptregel" bietet genau diesen regelbasierten, logischen Ansatz, der sicherstellt, dass alle relevanten Aspekte eines Projekts berücksichtigt werden - von der Analyse bis zur Umsetzung eines KI-gestützten Arbeitsplatzes.

Die Regel besteht aus:

- **9 grundlegenden Schritten** zur Definition und Lösung eines Problems.
- **2 zusätzlichen Schritten**, um die Qualität und Präzision der Ergebnisse zu sichern.

9 Schritte der goldenen Richterpromptregel – Teil 1

1. Kontext (K): Wo stehe ich gerade? Wo starten wir?

Beschreiben Sie der KI die **aktuelle Situation des Unternehmens.**

Beispiel für die Hoffmann & Schmidt GmbH:

„Die Hoffmann & Schmidt GmbH, ein Automobilzulieferer, hat mit Lieferengpässen, ineffizienten Abläufen und hohem Verwaltungsaufwand zu kämpfen. Fehlende digitale Arbeitsprozesse und unklare Verantwortlichkeiten behindern das Tagesgeschäft."

2. Rolle (R): Was ist meine Rolle?

Definieren Sie Ihre eigene Position im Prozess.

Beispiel:

„Ich bin Berater und unterstütze das Unternehmen bei der Einrichtung eines KI-gestützten Arbeitsplatzes zur Optimierung der Arbeitsprozesse."

3. Thema (T): Worum geht es?

Geben Sie der KI das grundlegende Thema oder den Hintergrund.

Beispiel:

„Es geht um die Entwicklung und Implementierung eines KI-geführten Arbeitsumfelds, um manuelle Abläufe zu automatisieren und die Effizienz in allen Abteilungen zu steigern."

4. Problem (P): Wobei brauche ich Hilfe?

Beschreiben Sie das spezifische Problem, das Sie lösen möchten.

Beispiel:

„Das Unternehmen benötigt Unterstützung bei der Auswahl, Implementierung und Nutzung von KI-Tools, um Lieferketten, Personalplanung und Verwaltungsprozesse zu optimieren."

5. Aufgabe (A): Was ist die konkrete Aufgabe der KI?

Formulieren Sie eine klare Erwartung an die KI.

Beispiel:

„Erstelle einen Integrationsplan für einen KI-gestützten Arbeitsplatz inklusive kurz- und langfristiger Maßnahmen sowie Schulungsempfehlungen für die Mitarbeitenden."

6. Spezifische Informationen (S): Welche Daten oder Dokumente stehen zur Verfügung?

Teilen Sie der KI alle relevanten Informationen.

Beispiel:

„Das Unternehmen hat bisher manuelle Prozesse in Einkauf, Produktion und Verwaltung verwendet. Es gibt bestehende ERP-Systeme, aber keine Integration von KI-Tools. Daten zu Lieferzeiten und Personalkapazitäten liegen als Excel-Dateien vor."

7. Format, Länge und Stil (F): In welchem Stil soll die Antwort formuliert werden?

Legen Sie fest, wie die Ergebnisse aussehen sollen.

Beispiel:

„Erstelle eine strukturierte Liste mit Maßnahmen und Zeitplänen. Der Stil sollte prägnant, professionell und für ein Managementteam verständlich sein."

8. Zielgruppe (Z): Für wen ist die Antwort bestimmt?

Beschreiben Sie, an wen sich die Lösung richtet.

Beispiel:

„Die Ergebnisse sollen für die Geschäftsführung von Hoffmann & Schmidt (Laura Hoffmann und Markus Schmidt) erstellt werden, die eine klare, umsetzbare Anleitung für die Integration von KI im Unternehmen benötigen."

9. Warnhinweise (W): Legen Sie fest, welche Grenzen die KI einhalten soll – sie dienen als Leitplanken.

Beispiel (Pilotfall der Hoffmann & Schmidt GmbH):

„**Nur aktuelle** Produktions- und Finanzdaten der letzten 24 Monate verwenden. Keine Fachbegriffe oder komplexe KI-Konzepte, da das Team praxisnahe Lösungen benötigt. **Vorschläge müssen konkret und direkt umsetzbar sein**. KI **darf keine automatisierten Entscheidunge**n treffen, sondern nur datenbasierte Empfehlungen liefern. **Datenschutz- und Compliance-Richtlinien strikt einhalten.**"

Diese **9 Schritte** helfen dabei, mit der **goldenen Richterpromptregel klare, strukturierte Prompts** zu erstellen, die der **KI** alle wichtigen Informationen liefern, um **maßgeschneiderte Lösungen** für die **Prozessoptimierung bei der Hoffmann & Schmidt GmbH** zu entwickeln.

1. Kontext/Ausgangssituation

31. Beschreiben Sie der KI genau, wo Sie stehen und was passiert ist.

❌ Es gibt Prozessprobleme.

✅ Die Hoffmann & Schmidt GmbH, ein Automobilzulieferer in Stuttgart, hat derzeit mit Lieferengpässen, ineffizienten Arbeitsabläufen und hohem Verwaltungsaufwand zu kämpfen.

Manuelle Prozesse und fehlende digitale Lösungen behindern die Effizienz im Einkauf, der Produktion und im Personalmanagement.

Warum schlecht?

Der 1. Prompt ist zu vage und gibt der KI keinen klaren Rahmen.

Warum besser?

Der 2. Prompt liefert **präzise Informationen zur Ausgangssituation** und hilft der KI, den **genauen Kontext** zu verstehen - essenziell für die **Entwicklung eines KI-gestützten Arbeitsumfelds** bei der **Hoffmann & Schmidt GmbH**.

2. Rolle

> ***32. Definieren Sie Ihre Rolle im Prozess.***
>
> ❌ Ich bin Geschäftsführer.
>
> ✅ Wir sind Laura Hoffmann und Markus Schmidt, Geschäftsführer der Hoffmann & Schmidt GmbH, eines Automobilzulieferers aus Stuttgart. Wir wollen mit KI-gestützten Arbeitsplätzen unsere Prozesse optimieren, Lieferengpässe reduzieren und die Effizienz in Verwaltung, Produktion und strategischem Management steigern.

Der **1. Prompt** ist zu allgemein. Die KI erkennt weder, in welcher Branche Sie tätig sind, noch welche Verantwortung Sie tragen oder welches Ziel Sie verfolgen. Das Ergebnis: unpräzise, generische Antworten ohne Bezug zur tatsächlichen Unternehmenssituation.

Der **2. Prompt** liefert der KI alle notwendigen Informationen:

- **Wer Sie sind** (Laura Hoffmann und Markus Schmidt, Geschäftsführer),
- **welches Unternehmen** Sie führen (Hoffmann & Schmidt GmbH, Automobilzulieferer) und
- **was Ihr Ziel ist** (KI-gestützte Arbeitsplätze zur Optimierung von Prozessen und Reduktion von Engpässen).

Dank dieser **detaillierten Beschreibung** kann die KI ihre Vorschläge auf die **spezifischen Anforderungen** Ihres Unternehmens zuschneiden. Das Ergebnis sind **praxisnahe, umsetzbare Lösungen**, die genau auf Ihre **Rolle und Ihre Ziele** abgestimmt sind.

3. Thema

33. Klären Sie das Thema und den Hintergrund des Falls.

❌ Es geht um ein Problem mit KI-gestützten Arbeitsplätzen.

✅ Das Thema dreht sich um die Einrichtung und Umsetzung von KI-gestützten Arbeitsplätzen bei der Hoffmann & Schmidt GmbH, um ineffiziente Abläufe, Lieferengpässe und hohen Verwaltungsaufwand durch automatisierte Prozesse und optimierte Workflows zu lösen.

Der 1. Prompt ist schlecht, weil er der KI keinerlei Fokus gibt. Die KI weiß nicht, in welchem Bereich das Problem liegt, um welches Unternehmen es geht oder was genau erreicht werden soll. Das führt zu unspezifischen, allgemeinen Antworten, die für die Praxis wenig hilfreich sind.

Der 2. Prompt ist besser, weil er der KI einen klaren **Themenrahmen** gibt:

- **Was** ist das Thema? (Einrichtung und Umsetzung von KI-gestützten Arbeitsplätzen)
- **Wer** ist betroffen? (Hoffmann & Schmidt GmbH)
- **Warum** ist es wichtig? (Lösungen für ineffiziente Abläufe, Lieferengpässe und hohen Verwaltungsaufwand)

Durch diese **klare Themenbeschreibung** kann die KI gezielt arbeiten, passende Maßnahmen entwickeln und praxisnahe Lösungen liefern. Das Ergebnis: **maßgeschneiderte Empfehlungen** für den spezifischen Fall – genau das, was **Laura Hoffmann und Markus Schmidt** für ihr Unternehmen brauchen.

4. Problem

34. Beschreiben Sie das spezifische Problem.

❌ Es gibt Prozessprobleme.

✅ Die Hoffmann & Schmidt GmbH hat mit ineffizienten Abläufen, Lieferengpässen und hohem Verwaltungsaufwand zu kämpfen. Manuelle Prozesse und fehlende digitale Tools erschweren die Arbeitsabläufe und führen zu Verzögerungen in Einkauf, Produktion und Personalmanagement.

Der **1. Prompt** ist zu unspezifisch. Die KI erfährt nur, dass es ein Problem gibt, aber nicht, in welchem Bereich oder wie sich das Problem äußert. Das Ergebnis sind vage, unbrauchbare Antworten.

Der **2. Prompt** liefert der KI **detaillierte Informationen**: Er beschreibt **konkret**,

- was die Probleme sind (ineffiziente Abläufe, Lieferengpässe, hoher Verwaltungsaufwand),
- **warum sie bestehen** (manuelle Prozesse, fehlende digitale Tools) und
- **wo sie auftreten** (Einkauf, Produktion, Personalmanagement).

Mit diesen Details kann die KI gezielt Lösungen entwickeln, die genau auf die Herausforderungen von **Hoffmann & Schmidt GmbH** abgestimmt sind.

5. Aufgabe

35. Definieren Sie, was die KI als Nächstes tun soll.

❌ Mach eine Liste für Prozessoptimierung.

✅ Erstelle eine Liste von Maßnahmen zur Einrichtung eines KI-gestützten Arbeitsplatzes bei der Hoffmann & Schmidt GmbH. Berücksichtige kurzfristige und langfristige Strategien, wie die Automatisierung manueller Abläufe, Schulungen für Mitarbeitende und die Integration in bestehende Systeme.

Der 1. Prompt ist zu ungenau und gibt der KI keine klaren Anweisungen. Sie weiß weder, welche Prozesse optimiert werden sollen, noch welche Anforderungen bestehen. Das Ergebnis: oberflächliche, wenig hilfreiche Lösungen.

Der 2. Prompt formuliert eine konkrete Aufgabe mit **klaren Erwartungen**: Er nennt **was** (Maßnahmen zur KI-Integration), **wo** (Hoffmann & Schmidt GmbH) und **wie** (kurzfristige und langfristige Strategien, Automatisierung, Schulungen). So kann die KI **zielgerichtete, detaillierte Handlungsvorschläge** liefern.

6. Spezifische Informationen und Praxisdokumente

36. Bringen Sie die KI auf den aktuellen Stand der Dokumente und Fakten.

❌ Nimm die üblichen Fakten.

✅ Verwende die bisherigen Prozessanalysen der Hoffmann & Schmidt GmbH, wie zum Beispiel die manuell geführten Bestandslisten, die vorhandenen ERP-Daten und die Protokolle der letzten Lieferantenmeetings.

Nutze außerdem interne Berichte zu Produktionsverzögerungen und Personalauslastung als Grundlage für die Maßnahmenentwicklung.

Der 1. Prompt ist zu allgemein. Die KI weiß nicht, welche „üblichen Fakten" gemeint sind, und wird wahrscheinlich mit generischen Standardvorschlägen antworten.

Der 2. Prompt stellt sicher, dass die KI mit relevanten Informationen arbeitet. Er nennt **konkret**, welche **Datenquellen** verwendet werden sollen (Bestandslisten, ERP-Daten, Protokolle, Berichte) und wie diese zur **Maßnahmenentwicklung** beitragen. Das Ergebnis: **praxisnahe Lösungen**, die perfekt auf die **realen Herausforderungen** bei der **Hoffmann & Schmidt GmbH** zugeschnitten sind.

7. Format/Länge/Stil

> ***37. Beschreiben Sie die erwartete Form und den Stil der Antwort.***
>
> ❌ Schreib was Gutes.
>
> ✅ Erstelle eine kompakte Liste mit Maßnahmen zur Einrichtung eines KI-gestützten Arbeitsplatzes bei der Hoffmann & Schmidt GmbH. Füge einen realistischen Zeitplan hinzu. Der Stil sollte pragmatisch, lösungsorientiert und leicht verständlich für das Management sein.

Der 1. Prompt ist zu unpräzise und bietet der KI keine Vorgaben zu **Länge, Struktur oder Stil.** Das Ergebnis könnte ein endlos langer Text oder ein unstrukturierter Überblick sein – kaum hilfreich für ein schnelles, praxisnahes Arbeiten.

Der 2. Prompt liefert klare Anweisungen. Er definiert:

- **Format**: eine Liste,
- **Inhalt**: Maßnahmen und Zeitplan,
- **Stil**: pragmatisch, lösungsorientiert und verständlich für das Management.

So erhält die KI eine **klare Strukturvorgabe**, was zu **fokussierten, praxisgerechten Ergebnissen** führt – genau das, was **Laura Hoffmann und Markus Schmidt** für ihre **KI-Integration** benötigen.

8. Zielgruppe

> ***38. Beschreiben Sie, für wen die KI die Antwort formulieren soll.***
>
> ❌ Für die Geschäftsführer.
>
> ✅ Die Antwort soll für die Geschäftsführer der Hoffmann & Schmidt GmbH, Laura Hoffmann und Markus Schmidt, erstellt werden. Sie haben wenig Erfahrung mit KI-gestützten Prozessen, benötigen jedoch praxisnahe, verständliche Anleitungen für die Einrichtung und Umsetzung eines KI-gestützten Arbeitsplatzes.

Der 1. Prompt ist zu unspezifisch. Die KI weiß nicht, wer die „normalen Menschen" sind, welchen Wissensstand sie haben oder in welchem Kontext die Antwort genutzt wird. Das führt zu Antworten, die entweder zu allgemein oder zu technisch ausfallen.

Der 2. Prompt definiert die Zielgruppe klar: Er nennt **wer** (Geschäftsführer Laura Hoffmann und Markus Schmidt), **was sie benötigen** (praxisnahe Anleitungen) und **ihren Wissensstand** (wenig Erfahrung mit KI). Dadurch passt die KI ihre Antwort genau an die **Bedürfnisse und Erwartungen** der **Hoffmann & Schmidt GmbH** an – präzise, verständlich und umsetzbar.

9. Warnhinweise (W)

Legen Sie fest, welche Grenzen die KI einhalten soll – sie dienen als Leitplanken.

39. Klare Leitplanken für die KI – so setzen Sie Grenzen und vermeiden Fehler

❌ Entwickle eine KI-Strategie für das Unternehmen.

✅ Erstelle eine KI-gestützte Strategie für die Hoffmann & Schmidt GmbH zur Prozessoptimierung. **Berücksichtige dabei nur Daten der letzten 24 Monate**, um aktuelle Entwicklungen zu reflektieren. **Vermeide** komplexe Fachbegriffe, da das Management eine praxisnahe Umsetzung benötigt. **Die KI soll ausschließlich Empfehlungen geben**, aber keine automatisierten Entscheidungen treffen. Achte auf die Einhaltung der Datenschutz- und Compliance-Richtlinien.

Der 1. Prompt ist zu allgemein. Sie gibt der KI keine klaren Grenzen oder Anforderungen vor und führt zu unbrauchbaren, generischen Vorschlägen.

Der 2. Prompt setzt klare Regeln:

- **Relevante Datenbasis** (nur die letzten 24 Monate).
- **Einfache Sprache** (keine komplizierten Fachbegriffe).

- **Klare Aufgabe** (nur Empfehlungen, keine automatischen Entscheidungen).
- **Sicherheitsaspekte** (Datenschutz- und Compliance-Vorgaben einhalten).

Dadurch liefert die KI praxisnahe, verständliche und umsetzbare Vorschläge, die genau auf die Bedürfnisse der Hoffmann & Schmidt GmbH abgestimmt sind.

Zwischenergebnis

Durch die strukturierte Anwendung der **goldenen Richterpromptregel** können **Geschäftsführer wie Laura Hoffmann und Markus Schmidt** präzise **KI-gestützte Lösungen** entwickeln, die exakt auf die **Bedürfnisse der Hoffmann & Schmidt GmbH** abgestimmt sind.

Diese Vorgehensweise verbessert nicht nur die Effizienz der Unternehmensprozesse, sondern auch die Qualität der Lösungen – ein wesentlicher Vorteil bei komplexen Herausforderungen wie der Prozess- und Workflow-Optimierung.

Mit diesen **9** Schritten wird die **KI** zu einem **leistungsfähigen Werkzeug**, das **Führungskräften** hilft, ihre **unternehmerische Expertise optimal einzusetzen** und **nachhaltige, digitale Arbeitsabläufe** im gesamten Unternehmen zu schaffen.

8. Schritt: Verfeinerung

Nachdem erste Ergebnisse mithilfe der goldenen Richterpromptregel entwickelt wurden, ist der nächste Schritt, diese Ergebnisse zu überprüfen, zu verfeinern und sicherzustellen, dass sie präzise, vollständig und verlässlich sind. Hierfür kommt der **2. Teil** der Regel ins Spiel:

2 weitere Schritte der goldenen Richterpromptregel – Teil 2

1. „N" – Nachhaken

Nachhaken bedeutet, die **KI gezielt zu befragen**, um **bestehende Schwachstellen** zu **identifizieren** und die Antwort zu verbessern.

Es geht darum, Details zu vertiefen und sicherzustellen, dass nichts Wesentliches übersehen wurde.

40. Beispiele für Nachhaken

❌ Ist das alles so okay?

✅ Welche Maßnahmen fehlen noch, um die Einrichtung eines KI-gestützten Arbeitsplatzes bei der Hoffmann & Schmidt GmbH zu optimieren?

Gibt es spezifische digitale Tools oder Schulungskonzepte, die noch berücksichtigt werden sollten?

Der 1. Prompt ist zu allgemein und liefert kaum Anregungen für Verbesserungen. Die KI erhält keine Hinweise darauf, was noch fehlt oder ob bestimmte Aspekte überprüft werden sollen.

Das Ergebnis: Die KI gibt eine allgemeine Bestätigung oder wiederholt bereits genannte Punkte, ohne neue Details hinzuzufügen – was für ein komplexes Projekt wie die **KI-Integration bei der Hoffmann & Schmidt GmbH** unzureichend ist.

Der 2. Prompt ist besser, weil er der KI gezielt Fragen stellt, die auf Lücken in den bisherigen Ergebnissen abzielen.

Durch die Aufforderung, nach fehlenden Maßnahmen, geeigneten Tools oder Schulungen zu suchen, wird die **KI angeleitet,** die bisherige Lösung zu analysieren und zu verbessern.

Besonders bei einem **vielschichtigen Projekt** wie der Prozess- und Workflow-Optimierung bei der Hoffmann & Schmidt GmbH sorgt ein solcher Prompt dafür, dass nichts übersehen wird – ein entscheidender Vorteil, um effektive, praxisnahe Lösungen zu entwickeln.

Methoden zum Nachhaken mit Prompts – 2. Teil der Richterpromptregel

1. Stichhaltigkeit prüfen:

Überprüfen Sie, ob die Maßnahmen durch **Fakten, Branchenstandards** oder **bewährte Praxis** unterstützt werden.

> ***41. Stichhaltigkeits-Prompt***
> Bewerte die Stichhaltigkeit der vorgeschlagenen Maßnahmen zur KI-Integration bei der Hoffmann & Schmidt GmbH, basierend auf aktuellen Best Practices in der Automobilzulieferer-Branche.

Warum wichtig? Ohne diesen Schritt könnten die Maßnahmen theoretisch und in der Praxis schwer umsetzbar sein. Für Hoffmann & Schmidt sorgt dies für fundierte, realistische Vorschläge.

2. Konsistenz- und Logikprüfung:

Analysieren Sie, ob die Ergebnisse logisch aufgebaut sind und keine Widersprüche enthalten.

> ***42. Konsistenz-und-Logikprüfung-Prompt***
> Analysiere die Konsistenz der vorgeschlagenen Maßnahmen zur Prozessoptimierung bei Hoffmann & Schmidt und identifiziere Widersprüche oder unlogische Abfolgen.

Warum wichtig? Ein KI-Plan mit Widersprüchen oder unlogischen Abläufen könnte mehr Schaden als Nutzen bringen. Gerade in einem Unternehmen, das mit komplexen Abläufen wie Produktion, Logistik und Verwaltung arbeitet, ist ein kohärenter Plan entscheidend.

3. Textanalyse:

Lassen Sie die KI die bisherigen Ergebnisse analysieren, um **fehlende Informationen** oder **unstimmige Details** zu finden.

> ***43. Textanalyse-Prompt***
> Überprüfe die gesammelten Informationen zur Hoffmann & Schmidt GmbH und identifiziere fehlende Details oder problematische Annahmen.

Warum wichtig? *Wenn wichtige Details fehlen, könnten* ***Lösungen unvollständig*** *sein. Für* ***Hoffmann & Schmidt*** *ist es essenziell, dass alle relevanten Aspekte – von* ***Lieferengpässen*** *bis zu* ***IT-Sicherheit*** *– berücksichtigt werden.*

4. Prädiktive Analyse:

Nutzen Sie die KI, um **Wahrscheinlichkeiten und Risiken** abzuschätzen.

> ***44. Prädiktive-Analyse-Prompt***
>
> Führe eine prädiktive Analyse durch, um den Erfolg der vorgeschlagenen Maßnahmen zur KI-gestützten Prozessoptimierung bei Hoffmann & Schmidt einzuschätzen.

Warum wichtig? Fehlinvestitionen oder ineffiziente Maßnahmen können teuer werden. Eine prädiktive Analyse hilft, die Risiken zu minimieren und den Erfolg der KI-Integration besser einzuschätzen.

5. KI-gestützte Argumentationshilfen:

Bitten Sie die KI, überzeugende Argumente oder **Empfehlungen** zu formulieren.

> ***45. KI-gestützte-Argumentationshilfen-Prompt***
>
> Generiere Argumentationshilfen, um die Vorteile eines KI-gestützten Arbeitsplatzes für Hoffmann & Schmidt überzeugend darzustellen.

Warum wichtig? Die Geschäftsführung muss von den Maßnahmen überzeugt werden. Klare Argumente helfen, internes Buy-in zu sichern und alle Beteiligten ins Boot zu holen.

6. KI-Interview-Stil:

Arbeiten Sie im **Dialogformat**, um alle relevanten Details zu vertiefen.

> ***46. KI-Interview-Stil-Prompt***
> Interviewe mich zu allen relevanten Details, die für die Erstellung eines Maßnahmenplans zur Einrichtung eines KI-gestützten Arbeitsplatzes bei Hoffmann & Schmidt erforderlich sind.

Warum wichtig? Ein interaktiver Dialog stellt sicher, dass keine wichtigen Informationen fehlen. Bei einem komplexen Projekt wie der KI-Integration bei Hoffmann & Schmidt ermöglicht der Interviewstil, dass die KI tiefgehend nachfragt und alle relevanten Faktoren einbezieht.

Diese **Methoden des Nachhakens** helfen, die von der KI erstellten Lösungen

- zu **hinterfragen,**
- zu verbessern und
- **abzusichern.**

Das ist besonders wichtig für ein **mittelständisches Unternehmen** wie der **Hoffmann & Schmidt GmbH**, das auf **praxisnahe und durchdachte KI-gestützte Arbeitsabläufe** angewiesen ist.

9. Schritt: Evaluierung

Woher weiß ich, dass die KI-Ergebnisse richtig sind?

Die Frage der **Richtigkeit und Verlässlichkeit** von KI-Ergebnissen ist zentral – insbesondere bei der **Einrichtung eines KI-gestützten Arbeitsplatzes** für ein Unternehmen wie die **Hoffmann & Schmidt GmbH.**

Gerade in **komplexen Unternehmensprozessen** wie der **Prozessoptimierung, Personalplanung oder IT-Integration** ist die **Evaluation** essenziell, um sicherzustellen, dass die vorgeschlagenen Lösungen nicht nur korrekt, sondern auch **praktisch umsetzbar** und **wirtschaftlich sinnvoll** sind.

Evaluierungsprozess – allgemeiner Ansatz (2. Teil der Richterpromptregel)

Der Evaluierungsprozess umfasst:

Qualitätsbewertung: Kritische Überprüfung der Inhalte – sind die Maßnahmen für Hoffmann & Schmidt praxisnah und verständlich?

Korrektheit: Sicherstellen, dass alle empfohlenen Tools, Methoden und Abläufe den **aktuellen Standards** im Automobilzulieferer-Sektor entsprechen.

Relevanzprüfung: Analyse, ob die vorgeschlagenen Lösungen zu den **spezifischen Herausforderungen** des Unternehmens passen – zum Beispiel zur Reduktion von Lieferengpässen und Optimierung der Verwaltung.

> ***47. Evaluierungsprompt***
>
> ❌ Evaluiere mal die Ergebnisse!
>
> ✅ Sind die vorgeschlagenen Maßnahmen zur Einrichtung eines KI-gestützten Arbeitsplatzes bei der Hoffmann & Schmidt GmbH in Bezug auf Umsetzbarkeit, Relevanz und Effizienz korrekt? Welche Aspekte fehlen noch, um die Lösung zu optimieren?

Warum schlecht? Der 1. Prompt ist zu allgemein und liefert der KI keine konkreten Anhaltspunkte. Die Antwort wird oberflächlich bleiben, da die KI nicht weiß, was genau überprüft werden soll.

Warum besser? Der 2. Prompt ist besser, weil er der KI **klare Evaluierungskriterien** vorgibt: Umsetzbarkeit, Relevanz und Effizienz. Dadurch analysiert die KI gezielt, ob die vorgeschlagenen Maßnahmen im **Unternehmensalltag** von Hoffmann & Schmidt realistisch sind, ob sie den **aktuellen Herausforderungen** entsprechen und wo noch **Verbesserungspotenzial** besteht.

Gerade bei einem mittelständischen Automobilzulieferer wie Hoffmann & Schmidt ist es entscheidend, dass die KI-Lösungen **nicht nur theoretisch gut klingen, sondern auch praktisch funktionieren, zeitnah umsetzbar** sind und konkrete

Verbesserungen im Arbeitsalltag bringen. Die spezifischen Kriterien sorgen dafür, dass die KI praxisnahe Empfehlungen liefert, die dem Unternehmen wirklich weiterhelfen.

Beispielhafte Evaluierungs-Methoden – 2. Teil der Richterpromptregel

1. Methode: Präzedenzfall-Analyse

Vergleichen Sie den aktuellen Fall mit ähnlichen Fällen oder Situationen, um zu überprüfen, ob die Ergebnisse der KI mit bestehenden Best Practices übereinstimmen.

48. Präzedenzfall-Analyse-Prompt

Finde ähnliche Fälle, in denen regionale Maßnahmen zur Einrichtung KI-gestützter Arbeitsplätze in mittelständischen Automobilzulieferbetrieben erfolgreich umgesetzt wurden. Liste deren Ansätze, eingesetzte Tools und erzielte Ergebnisse auf.

Durch den Vergleich mit realen Beispielen erhalten Laura Hoffmann und Markus Schmidt Einblicke, **welche KI-Lösungen in ähnlichen Unternehmen bereits erfolgreich umgesetzt wurden**. So können sie sicherstellen, dass ihre KI-gestützten Maßnahmen nicht nur auf dem Papier funktionieren, sondern auch in der Praxis bewährt sind. Das minimiert das Risiko von Fehlinvestitionen und liefert bewährte Strategien, die auf die spezifischen Herausforderungen von Hoffmann & Schmidt zugeschnitten werden können.

2. Methode: Kontextschaffung

Schaffen Sie einen klaren Kontext, indem Sie die Ergebnisse der KI mit zusätzlichen Daten oder relevanten Quellen ergänzen.

49. Kontextschaffung-Prompt

Suche relevante Studien oder Berichte zur KI-Integration und Prozessoptimierung in mittelständischen Automobilzulieferbetrieben in der Region Stuttgart. Wie können

> diese Erkenntnisse die vorgeschlagenen Maßnahmen für Hoffmann & Schmidt ergänzen?

Ohne Kontext könnten die KI-Ergebnisse zu allgemein sein. Durch regionale Studien und Branchenberichte erhalten Laura Hoffmann und Markus Schmidt fundierte Hintergrundinformationen, die die KI-Lösungen realistischer und umsetzbarer machen.

3. Methode: Relevanz-Kontrolle

Prüfen Sie, ob die vorgeschlagenen Maßnahmen wirklich auf die spezifischen Bedürfnisse des Betriebs abgestimmt sind.

> ***50. Relevanz-Kontrolle-Prompt***
>
> Analysiere die vorgeschlagenen Maßnahmen zur Einrichtung eines KI-gestützten Arbeitsplatzes bei der Hoffmann & Schmidt GmbH und bewerte ihre Relevanz für einen mittelständischen Automobilzulieferer mit 200 Mitarbeitern.

Maßnahmen, die nicht auf die **Größe, Branche und aktuellen Herausforderungen** eines Unternehmens abgestimmt sind, bleiben oft **theoretisch**. Eine **Relevanz-Prüfung** stellt sicher, dass die **KI-Lösungen** den **realen Anforderungen** bei **Hoffmann & Schmidt** entsprechen.

4. Methode: Vorbehandlung

Bereiten Sie die Informationen gezielt auf, bevor sie der KI zur weiteren Analyse übergeben werden.

> ***51. Vorbehandlungs-Prompt***
>
> Extrahiere die relevanten Informationen aus den bisherigen Prozessanalysen bei Hoffmann & Schmidt und reduziere überflüssige Details, um die KI effizienter arbeiten zu lassen.

Hinweis: Die KI kann bei zu umfangreichen oder unstrukturierten Informationen „überfordert" sein. Arbeiten Sie daher mit präzisen und relevanten Textpassagen.

5. Methode: Qualifizierung

Nutzen Sie Ihre eigene Erfahrung und Fachkenntnisse, um die Ergebnisse der KI zu bewerten und zu validieren.

> ***52. Qualifizierungs-Prompt***
>
> Analysiere die vorgeschlagenen Maßnahmen zur KI-Integration bei Hoffmann & Schmidt. Sind sie aus deiner Sicht als Geschäftsführer umsetzbar und fundiert? Ergänze deine eigenen Erfahrungen.

KI liefert Vorschläge, aber **Ihre Erfahrung** stellt sicher, dass diese **realistisch und umsetzbar** sind.

6. Methode: Integration

Integrieren Sie die KI-Ergebnisse in Ihre eigenen Texte, indem Sie sie an Ihren Schreibstil und die Anforderungen des Falls anpassen.

> ***53. Integrations-Prompt***
>
> Integriere die KI-Vorschläge in ein strukturiertes Maßnahmenpapier für Hoffmann & Schmidt. Achte darauf, dass der Stil professionell bleibt.

Nur so entsteht ein einheitlicher, professioneller Text, der zu Ihrem Unternehmen passt.

7. Methode: Raum für Eigenes

Nutzen Sie eigene, in der Vergangenheit bewährte Methoden und kombinieren Sie diese mit den KI-Ergebnissen.

Beispiel:

Ergänzen Sie die Vorschläge der KI durch Ihre persönliche Expertise oder bewährte Maßnahmen aus ähnlichen Fällen.

8. Methode: Perspektivenwechsel

Versetzen Sie sich in die Lage des Empfängers, um sicherzustellen, dass die Vorschläge aus dessen Sicht nachvollziehbar und überzeugend sind.

> ***54. Perspektivenwechsel-Prompt***
>
> Formuliere die Maßnahmen aus der Perspektive von Laura Hoffmann und Markus Schmidt. Welche Fragen könnten aus ihrer Sicht noch offen sein?

Nur wer den **Blickwinkel des Empfängers** einnimmt, schafft überzeugende, verständliche Lösungen.

Praxisbeispiel: Evaluierung für die Hoffmann & Schmidt GmbH

1. Präzedenzfall-Analyse:

Finde Beispiele von anderen mittelständischen Automobilzulieferern, die erfolgreich KI-gestützte Arbeitsplätze eingerichtet haben. Welche Maßnahmen und Tools waren dort besonders effektiv?

2. Kontextschaffung:

Suche nach aktuellen Daten zur Digitalisierung in der Automobilzulieferer-Branche im Raum Stuttgart und analysiere, wie diese Erkenntnisse die vorgeschlagenen Maßnahmen für Hoffmann & Schmidt beeinflussen könnten.

3. Perspektivenwechsel:

Erstelle eine mögliche Reaktion der Geschäftsführer Laura Hoffmann und Markus Schmidt auf die vorgeschlagenen Maßnahmen. Welche Fragen, Bedenken oder Ergänzungen könnten sie äußern?

Zusammenfassung: Evaluation als Schlüssel zur Qualitätssicherung

Der **Evaluierungsprozess** stellt sicher, dass die von der **KI gelieferten Ergebnisse** nicht nur **korrekt**, sondern auch **praktisch umsetzbar** sind.

Durch die Kombination der **Evaluierungsmethoden** können Sie:

- **fundierte und relevante Ergebnisse** sicherstellen,
- **individuelle Lösungen** entwickeln, die exakt auf den **spezifischen Fall** bei Hoffmann & Schmidt abgestimmt sind,
- den **Mehrwert der KI maximieren**, indem Sie **Schwachstellen erkennen** und **optimieren.**

Mit diesem Ansatz wird die **Einrichtung von KI-gestützten Arbeitsplätzen** in Unternehmen wie der **Hoffmann & Schmidt GmbH** auf ein neues Niveau gehoben – mit **nachhaltigen und effektiven Ergebnissen.**

10. Schritt: Für Visionäre: Chatbots (GPTs, Bots) und KI-Agenten verstehen, anwenden, selbst entwickeln und lieben lernen!

In der modernen **Unternehmensführung** werden in den kommenden Jahren **gut eingerichtete und trainierte, unternehmensspezifische KI-gestützte Chatbots** (GPTs, im Folgenden nur „Bots") den **entscheidenden Unterschied** machen.

Wichtig dabei ist zu verstehen:

- was **Bots und Agenten** sind,
- wie sich **Bots von Prompts** unterscheiden,
- welche **Regeln für ihre Nutzung** gelten,
- welche **konkreten Schritte** für die **Erstellung, den Bau und die Programmierung** zu gehen sind,
- wofür sie **gut** sind und
- wo ihre **Grenzen** liegen.

In **mittelständischen Betrieben** wie der **Hoffmann & Schmidt GmbH** werden **KI-gestützte Bots und KI-Agenten** zu einem entscheidenden Erfolgsfaktor. Sie bieten eine enorme **Entlastung bei Routineaufgaben** und verbessern gleichzeitig die **Effizienz und Servicequalität**.

Bots sind **KI-gestützte Programme**, die Nutzer durch **strukturierte Dialoge** führen. Letztlich sind sie computerbasierte Programme, die Konversationen mit menschlichen Nutzern simulieren können, sogenannte **Dialogabläufe**, ähnlich aufgebaut wie Flussdiagramme. Sie basieren auf fortschrittlichen KI-Technologien wie dem Generative Pretrained Transformer (GPT), der natürliche Sprache verarbeitet und versteht.

Sie simulieren **menschliche Konversationen**, um:

- **Informationen** zu sammeln,
- **Antworten** zu liefern,
- **Dokumente**, Berichte oder Prozesse zu erstellen.

Was sind KI-Agenten?

KI-Agenten bestehen aus mehreren **Chatbots**, die miteinander kommunizieren, um **komplexe Aufgaben** zu erledigen.

- Ein **einzelner Chatbot** übernimmt eine spezifische Aufgabe.
- **KI-Agenten** koordinieren mehrere Bots gleichzeitig.
- Sie tauschen **Informationen in Echtzeit** aus und automatisieren Prozesse.

Beispiel für die Hoffmann & Schmidt GmbH: Bei der Einrichtung eines KI-gestützten Arbeitsplatzes könnte ein KI-Agent so arbeiten:

- **Chatbot A** analysiert die bestehenden Arbeitsabläufe und identifiziert, welche Prozesse automatisiert werden können.
- **Chatbot B** erstellt eine Liste mit geeigneten KI-Tools und vergleicht deren Funktionen und Kosten.
- **Chatbot C** plant die Schulungen für die Mitarbeitenden und erstellt einen Zeitplan für die Implementierung.

Diese **vernetzten Chatbots** bilden einen **KI-Agenten**, der den gesamten **Einrichtungsprozess für einen KI-gestütz-**

ten Arbeitsplatz automatisiert – ein **Gamechanger** für die **Hoffmann & Schmidt GmbH.**

Beim Prompt lenkt der Nutzer, beim Bot hat er „Lenkhilfe" durch die Fragen des Bots.

Unterschied zwischen Bots und Prompts

- **Prompts** sind **einzelne Eingaben**, bei denen alle Informationen manuell eingegeben werden müssen.
  - ***Vorteil:*** Flexibilität, besonders bei einmaligen Anfragen.
  - ***Nachteil:*** Nutzer muss alle Details bedenken und strukturieren.
- **Bots** führen **Nutzer systematisch** durch vorgegebene Fragen und Abläufe.
  - ***Vorteil:*** Keine wichtigen Informationen werden vergessen, Bots greifen auf Vorlagen und Daten zu.
  - ***Nachteil:*** Höherer initialer Entwicklungsaufwand.

Praxisbeispiel bei der Hoffmann & Schmidt GmbH

- **Prompt:** *Erstelle einen Plan für die Einrichtung eines KI-gestützten Arbeitsplatzes. Herausforderungen: fehlende digitale Arbeitsprozesse, unklare Verantwortlichkeiten, hoher Schulungsbedarf*
- **Bot:**
  - **Begrüßt** die Geschäftsführung, erklärt den Ablauf und fragt nach Herausforderungen.
  - **Fragt**: *Welche Abteilungen sollen zuerst mit KI-gestützten Arbeitsplätzen ausgestattet werden?*
  - **Fragt**: *Welche digitalen Tools werden bereits genutzt und könnten integriert werden?*
  - **Generiert** einen **detaillierten Einrichtungsplan** mit Tool-Vorschlägen, Schulungsmaßnahmen und einem Zeitplan für die Implementierung

Warum wichtig für die Hoffmann & Schmidt GmbH?

Für **Laura Hoffmann und Markus Schmidt** bedeutet ein gut entwickelter **KI-Bot**:

- **Zeitersparnis** und Fokus auf strategische Entscheidungen.
- **Automatisierte Planung und Implementierung** bei der Einrichtung KI-gestützter Arbeitsplätze.
- **Wettbewerbsvorteil** durch effiziente, moderne Arbeitsprozesse.

Wir beginnen nun mit dem **Bau von KI-Bots**, die Schritt für Schritt entwickelt werden und den **Grundstein für spätere KI-Agenten** legen – ein **digitaler Kollege**, der zuverlässig, effizient und rund um die Uhr für das Unternehmen arbeitet.

Wo findet man Bots?

Bots finden sich heute in zahlreichen Anwendungen und Bereichen:

- **Kundenservice:** In **Telefonschleifen** und **Chatfunktionen** auf Webseiten, um Anfragen zu beantworten oder Termine zu koordinieren.
- **Plattformen:** In **GPT-Stores** auf Plattformen wie **OpenAI** oder als **Agenten** bei KI-Tools wie **Claude** und **LIBRA**.
- **Speziell für Unternehmen wie Hoffmann & Schmidt GmbH:** Bots, die auf die **Bedürfnisse mittelständischer Betriebe** zugeschnitten sind, zum Beispiel für **Prozessoptimierung, Personalplanung oder Qualitätsmanagement**.

Beispiele für die Suche nach passenden Bots:

Suchen Sie auf Plattformen nach Begriffen wie:

- Prozessoptimierung,
- KI-gestützte Arbeitsplatzintegration,
- Mitarbeiterschulung mit KI,
- Workflow-Automatisierung.

Für **Beratungs- oder Fachbots** in den Bereichen **Personalmanagement** oder **Automobilzulieferung** bieten sich Suchbegriffe an wie:

- „Prozessoptimierung Mittelstand",
- „KI-Arbeitsplatz",
- „Produktionsautomatisierung".

Für **allgemeine Bots**, die **organisatorische Aufgaben** erleichtern:

- „Projektmanagement-Bot",
- „KI-gestützte Verwaltung".

Die Hoffmann & Schmidt GmbH kann mit dieser gezielten Suche die passenden **KI-Bots finden**, die den **Alltag erleichtern**, **Abläufe automatisieren** und die **digitale Transformation** erfolgreich vorantreiben.

Wie erstellt man einen Bot?

Folgendes gilt es zu beachten:

- Mit der richtigen Anleitung können selbst ungeübte und technisch nicht vorgebildete Nutzer dank der Menü-Technik der einzelnen KI-Tools Bots erstellen, zum Beispiel im **Modus „GPT-Erkunden"** -> „Erstellen" -> Menüpunkt auf der linken Seite „Erstellen".
- Enorme Unterstützung bei ihrer täglichen Arbeit und merkliche Steigerung der Effizienz und Motivation wird unter anderem durch das **Abnehmen lästiger Routinearbeiten** in kürzester Zeit erreicht.
- Die folgende 8-schrittige-Kurzübersicht bietet einen **ersten Einblick** in die schrittweise Vorgehensweise zur Entwicklung eines effektiven ChatGPT-Bots, der spezifisch für unternehmerische Aufgaben konzipiert ist.

Also: Das ist eine erste Einführung. Somit werden **noch nicht alle Möglichkeiten der Bot-Erstellung thematisiert,** sodass zum Beispiel das Verknüpfen der Bots mit anderen Datenbanken, bei ChatGPT unter dem Button „Aktionen" möglich, einer späteren Publikation vorbehalten sein soll. Machen Sie sich mit den Grundfunktionen vertraut und lernen Sie in Ihren Anwendungsfällen die Möglichkeiten und Grenzen der KI kennen. Danach geht es besser weiter!

Bei dem Aufbau eines Bots brauchen wir **alle Promptkenntnisse**, die Sie schon in diesem Buch gelernt haben. Denn auch bei einem Bot gilt: Es muss besonderer Wert auf die Beachtung der **goldenen Richterpromptregel** gelegt werden, um präzise und fundierte Antworten zu gewährleisten.

Acht Schritte zur Erstellung eines Bots für einen KI-Integrations-Ablaufplan

8 Aktionen zum eigenen Bot

1. Zugang: Verschaffen Sie sich Zugang zur Bot-Erstellung, indem Sie eine geeignete KI-Version verwenden, zum Beispiel ChatGPT, Perplexity (dort genannt „Räume") oder Claude („Projekte") etc., die Bot-Erstellung oder Ähnliches unterstützt.

2. Beschreibung: **Beschreiben Sie Ihren eigenen Bot**, indem Sie sich über seine **Ziele** und **Vorgehensweisen** im Klaren werden, zum Beispiel „Erstellen eines Integrationsplans für KI-Arbeitsplätze".

3. Namensgebung: Benennen Sie Ihren Bot mit einem zur Beschreibung passenden, wiedererkennbaren, aussagekräftigen **Namen**, zum Beispiel „KI-Integrations-Planer".

4. Starterfragen: Formulieren Sie relevante **Starterfragen,** die die Nutzer sogleich zu dem richtigen Einstieg verhelfen, zum Beispiel: „Welche Arbeitsplätze haben viele Routineaufgaben?", oder: „Welche bisherigen KI-Maßnahmen wurden ergriffen?"

5. Wissensdokumente: Bestimmen Sie das Wissen, auf das Ihr Bot speziell zugreifen soll, indem Sie eigene **Dokumente dauerhaft hinterlegen**, zum Beispiel Vorlagen oder Daten zur Prozessoptimierung.

6. Hinweise/Anweisungen: Sagen Sie Ihrem Bot, **in welchen Schritten** Sie normalerweise Aufgaben abarbeiten, damit er diese für Sie übernimmt. Es entsteht eine Art **Dialogablauf, Flussdiagramm** mit detaillierten **Anweisungen. Bewährt hat sich auch hier eine Struktur der Zweiteilung:**

- **1. Teil:** Formulieren des **Chatbot-Rahmens** und im
- **2. Teil**: einzelne Schritte als **Dialog-Ablauf.**

7. Logo: Entwerfen Sie ein ansprechendes Logo für Ihren Bot mit Wiedererkennungseffekt.

8. Training: Trainieren Sie den Bot, indem Sie ihn **so oft wie möglich anwenden**, seine Verhaltensweise und Ergebnisse beobachten und Verbesserungen vornehmen.

Praktische Tipps für Unternehmen wie die Hoffmann & Schmidt GmbH

Anpassung an spezifische Fälle:

- Bots können individuell auf die **Herausforderungen eines mittelständischen Betriebs** abgestimmt werden, zum Beispiel zur **Prozess- und Workflow-Optimierung** in der Produktion oder Verwaltung.

Einbindung bestehender Vorlagen:

- Nutzen Sie bereits vorhandene **Prozessdokumentationen, Checklisten oder Schulungsunterlagen** und lassen Sie den Bot diese **automatisch übernehmen und anpassen** – etwa bei der Einrichtung **KI-gestützter Arbeitsplätze**.

Fortlaufende Optimierung:

- Überprüfen Sie regelmäßig die **Effizienz und Genauigkeit** des Bots. Passen Sie ihn an **neue**

Anforderungen an, zum Beispiel, wenn sich **Produktionsabläufe** ändern oder neue **digitale Tools** integriert werden sollen.

Mit diesen Tipps kann **Hoffmann & Schmidt GmbH** sicherstellen, dass ihre **KI-Bots** immer auf dem neuesten Stand sind und die **betrieblichen Abläufe** optimal unterstützen.

1. AKTION: Zugang zur Bot-Erstellung verschaffen

Schaffen Sie die technischen Voraussetzungen für die Erstellung eines Beratungschatbots.

Vergewissern Sie sich zunächst, dass Sie eine Plattform nutzen, die die Erstellung von Bots ermöglicht, zum Beispiel ChatGPT. Der Zugang ist der **erste Schritt,** um alle erforderlichen Werkzeuge zu aktivieren und die Bot-Entwicklung zu starten.

Praktische Schritte:

1. **Überprüfen Sie Ihre Zugangsberechtigungen:**
   - Loggen Sie sich in Ihr Konto ein (zum Beispiel OpenAI) und prüfen Sie, ob Sie die Funktion „GPTs erstellen“ nutzen können.
2. **Menüführung:**
   - Klicken Sie auf die Schaltfläche „GPT erkunden“ oder „GPT erstellen“.
   - Warten Sie, bis das Menü mit den 3 Hauptbereichen erscheint:
     - **„Erstellen“:** Legen Sie die Grundlage für Ihren Bot.
     - **„Konfigurieren“:** Passen Sie die Details an (zum Beispiel Name und Beschreibung).
     - **„Vorschau erstellen“:** Testen Sie den Bot in einer Vorschau.
3. **Konfigurieren-Modus öffnen:**
   - Wechseln Sie in den Bereich „Konfigurieren“ und arbeiten Sie die folgenden noch näher erläuterten Punkte systematisch ab:

   - **Name:** Geben Sie einen vorläufigen Namen ein (zum Beispiel „Beratungsprofi Fachkräfte").
   - **Beschreibung:** Erstellen Sie eine klare Zielbeschreibung für den Bot.

2. AKTION: Beschreibung mit Zielsetzung erstellen

Definieren Sie das Ziel und den Fokus des Bots, um eine klare Ausrichtung sicherzustellen.

Ein klar formulierter Zweck ist der Schlüssel zur Effektivität eines Beratungschatbots. Überlegen Sie sich, welche spezifischen Aufgaben der Bot erfüllen soll und wie er dabei helfen kann, typische Herausforderungen wie Fachkräftemangel oder KI-Arbeitsplatz-Einrichtung effizienter zu bewältigen.

Praktische Schritte:

1. Vorläufiger Name:

- Überspringen Sie die endgültige Namensvergabe, wenn Sie sich noch nicht sicher sind. Nutzen Sie einen Platzhalter (zum Beispiel „FachkräfteBeraterBot").

2. Beschreibung erstellen:

- Formulieren Sie die Zielsetzung des Bots und beantworten Sie grundlegende Fragen:
   - **Wer sind Sie?**
     „Ich bin Geschäftsführer und brauche Hilfe bei der Integration von KI im Arbeitsprozess."
   - **Was wollen Sie mit dem Bot erreichen?**
     „Der Bot soll systematisch Informationen sammeln und strukturieren, um einen Plan zur Einrichtung eines KI-Arbeitsplatzes zu entwickeln."
   - **Wie soll der Bot vorgehen?**
     „Durch gezielte Fragen sammelt der Bot alle relevanten Daten und erstellt automatisch eine Struktur für den KI-Integrations-Ablaufplan."
   - **Wen wollen Sie mit dem Bot erreichen?**
     „Betriebsinhaber wie Laura Hoffmann und Markus Schmidt, die wenig Erfahrung mit digitalen Tools oder strategischen Maßnahmen zur Personalgewinnung haben."

- **Was soll nach der Nutzung des Bots hinterher besser beim Nutzer sein?**
  „Laura Hoffmann und Markus Schmidt haben einen Strategieplan, mit dem sie KI an vielen Arbeitsplätzen einsetzen können."
- **Warum nutzen Sie den Bot und nicht einzelne Prompts?**
  „Der Bot bietet eine interaktive und geführte Lösung, die Fehler reduziert und Zeit spart."

3. Bewertung der Zielsetzung:

Überlegen Sie, ob der Aufwand für die Erstellung des Bots durch den Nutzen gerechtfertigt ist. Eine klare Beschreibung hilft Ihnen dabei, den Fokus zu behalten und die Prioritäten des Bots zu definieren.

3. AKTION: Namensgebung präzisieren

Die **Namensgebung eines Bots** ist von zentraler Bedeutung, um die **Funktionalität und Zielsetzung** sofort klar und verständlich zu machen. Ein prägnanter, zielgerichteter Name erleichtert die Nutzung sowohl für den **Ersteller** als auch für die **Zielgruppe** – in diesem Fall **Laura Hoffmann, Markus Schmidt** und die **Mitarbeitenden der Hoffmann & Schmidt GmbH**.

Beispiele für passende Namen

Ein Bot, der die **Hoffmann & Schmidt GmbH** bei der **Einrichtung KI-gestützter Arbeitsplätze** unterstützt, könnte folgende Namen tragen:

- **ProzessOptimierer** – Für Bots, die Abläufe analysieren und optimieren
- **KIWorkFlowCoach** – Ein Bot, der den Aufbau und die Schulung für KI-Arbeitsplätze begleitet
- **DigitalProfiH&S** – Ein Bot, der alle digitalen Prozesse im Unternehmen unterstützt

Warum ist die Namensgebung wichtig?

- **Klarheit und Zweckmäßigkeit:** Der Name vermittelt direkt, wofür der Bot genutzt werden kann (zum

Beispiel Prozessoptimierung, Schulungsplanung, Automatisierung).

- **Interne Orientierung:** Innerhalb eines Unternehmens wie der Hoffmann & Schmidt GmbH helfen klare Namen, Bots für spezifische Aufgaben schnell zu identifizieren.
- **Marketing und Wiedererkennung:** Ein gut gewählter Name macht den Bot zu einem **wiedererkennbaren und vertrauenswürdigen Werkzeug** für alle Mitarbeitenden.

Tipps für die Namensgebung

- **Klarheit und Relevanz:**
- Der Name sollte die **Aufgabe des Bots** klar widerspiegeln.
- *Beispiel:* **„KIProzessCoach“** für einen Bot, der Prozesse automatisiert und optimiert.
- **Prägnanz:**
- Ein **kurzer, einprägsamer Name** erleichtert die Nutzung. (Maximal 50 Zeichen bei ChatGPT.)
- *Beispiel:* „**„WorkFlowBot“** oder **„ProzessPilot“**.
- **Personalisierung:**
- Ein Name wie **„Laura“** oder **„Markus“** verleiht eine menschlichere Note. In Kombination mit einer Funktionsbeschreibung entsteht ein klarer Zweck.
- *Beispiel:* **„LauraProzessHelfer“**.
- **Wiedererkennungseffekt:**
- Namen wie **„@ProzessCoach“** oder **„@L&MBot“** machen Bots in einem internen System sofort auffindbar.
- **Spezifität:**
- Der Name sollte den **Einsatzbereich** beschreiben, zum Beispiel **„KIProzessBotHoffmann“**.
- **Nummerierung:**

- Für größere Organisationen kann eine **Nummerierung** sinnvoll sein, um Bots einer bestimmten **Abteilung** oder einem **Projekt** zuzuordnen.
    - *Beispiel: „*
      „Klaus ProzessBot1“ für allgemeine Prozessoptimierung
      „Martina Bot2“ für Schulungsmanagement

Ein gut gewählter **Bot-Name** sorgt bei der **Hoffmann & Schmidt GmbH** für eine klare **Kommunikation**, schnelle **Wiedererkennung** und eine **effiziente Nutzung** – ein kleiner, aber wichtiger Schritt auf dem Weg zu einem **KI-gestützten Arbeitsumfeld**!

Systematische Namensstruktur für Bots

Eine systematische Struktur ermöglicht eine bessere Organisation und Wiederverwendung. Hier ist eine mögliche 4-stellige Struktur:

Beispiel: *00P1 @FachkräfteBeratungProfi*

- **1. Stelle (0):** Zielgruppe, zum Beispiel „0“ für Handwerkskammern, „1“ für Unternehmen.
- **2. Stelle (0):** Fachbereich oder Abteilung, zum Beispiel „0“ für Beratung, „1“ für Personalentwicklung.
- **3. Stelle (P):** Spezifische Aufgabe oder Abteilung, zum Beispiel „P“ für Personalmanagement, „M“ für Marketing.
- **4. Stelle (1):** Fortlaufende Nummer zur Unterscheidung innerhalb einer Kategorie.

Beispiele für Unternehmens-Bots:

00P1 @FachkräfteBeratungProfi: Beratung zur Fachkräftegewinnung.

00P2 @BewerberMatchingBot: Automatisiertes Matching von Bewerbern.

00P3 @BeratungsProfiBericht: Erstellung von individuellen KI-Integrations-Ablaufplänen.

Namensgebung für die Hoffmann & Schmidt GmbH – Praxisbeispiele

Bots für die Fachkräftegewinnung:

- „FachkräfteFinderBot“
- „BewerberMatchingBot“

Bots für die Beratung und Berichterstellung:

- „BeratungsProfiMarkus“

Kombinierte Aufgaben-Bots:

- „HRProfiZulieferindustrie“
- „PersonalStrategieBot“

Eine **systematische Namensstruktur** ermöglicht eine bessere **Organisation und Wiederverwendung** der Bots – besonders in einem **mittelständischen Unternehmen** wie der **Hoffmann & Schmidt GmbH.**

Beispiel für eine 4-stellige Struktur:
01P1 @ProzessOptimiererH&S

- **1. Stelle (0 oder 1):** Zielgruppe – „0“ für externe Partner, „1“ für interne Unternehmensnutzung
- **2. Stelle (0 oder 1):** Fachbereich – „0“ für allgemeine Unternehmensführung, „1“ für Personal, „2“ für Produktion
- **3. Stelle (P, M, T):** Spezifische Aufgabe – „P“ für Prozesse, „M“ für Management, „T“ für Technik
- **4. Stelle (1–9):** Fortlaufende Nummer zur Unterscheidung innerhalb einer Kategorie

Beispiele für Bots bei der Hoffmann & Schmidt GmbH

- **01P1 @ProzessOptimiererH&S:** Bot zur Prozess- und Workflow-Optimierung
- **01T1 @TechTrainerH&S:** Bot zur Schulungsplanung und Einführung digitaler Tools
- **01M2 @ProjektManagerBot:** Bot zur Verwaltung und Organisation von Projekten

Namensgebung für die Hoffmann & Schmidt GmbH – Praxisbeispiele

Bots für die KI-gestützte Arbeitsplatzintegration:

- WorkFlowCoachH&S
- DigitalProfiH&S

Bots für Schulung und Unterstützung:

- TrainingBotHoffmann
- MitarbeiterCoachH&S

Kombinierte Aufgaben-Bots:

- ProzessStrategieBot
- KISetupProfi

Ergebnisse der Namensgebung

Eine **klare, prägnante und spezifische Namensstruktur** stellt sicher, dass Bots bei der **Hoffmann & Schmidt GmbH** effizient eingesetzt werden.

- **Eindeutige Benennung** erleichtert die **interne Organisation.**
- **Schnelle Zuordnung** der Bots zu Abteilungen und Aufgaben.
- **Akzeptanz und Vertrauen** bei Mitarbeitenden, da der **Nutzen sofort ersichtlich** ist.

Mit Bots wie **ProzessOptimiererH&S** oder **TechTrainerH&S** wird klar, **welche Aufgaben** der Bot übernimmt – ein wichtiger Schritt für den **erfolgreichen Einsatz von KI** im Unternehmen!

4. AKTION: Starterfragen entwickeln

Starterfragen befinden sich (wie der Name schon andeutet) **auf der Startseite eines Bots und können vom Nutzer „angeklickt" werden, um den Dialog mit dem Bot zu beginnen.**

- **Praktisch:** Der Nutzer kann darauf drücken und der Chatbot beginnt zu arbeiten, ohne dass ein Text eingegeben werden muss.
- **Zeitsparend:** Inhaltlich gut gestaltete Fragen helfen dem Nutzer, gleich an die richtige Stelle eines mehrschrittigen Bots zu gelangen, in dem die notwendigen Informationen für die Bearbeitung durch den Chatbot bereitgestellt werden.

Bei der Formulierung von Starterfragen ist es **wichtig**, dass sie die möglichen **Anfragen** des Nutzers **vorausbedenken** können, letztlich dadurch ihm Zeit und Arbeit sparen, einen Prompt zu formulieren.

Zudem sind **logisch formulierte Starterfragen wichtig für den späteren Aufbau der Anweisungen** eines **mehrschrittigen Bots** und seiner Dialogabläufe:

- So wird in den für den Dialogablauf notwendigen Anweisungen dem Bot ja gesagt, er solle schauen, welche Starterfrage angeklickt wurde
- und **dann** zu dem genau passenden **Schritt** in den Anweisungen gehen.

Anmerkung: Hat der Bot nur **eine** Frage zu bearbeiten (einschrittiger Bot), helfen gute Starterfragen zum „Abholen“ des Nutzers.

Überlegen Sie sich daher bei mehrschrittigen Bots Starterfragen, **die für verschiedene Phasen des Prozesses** geeignet sind, zum Beispiel ist diese Struktur hilfreich:

- Eine Frage für das **Starten** des gesamten Prozesses.
- Eine Frage für die Bewertung eines **bereits fertigen Ergebnisses**.
- Eine **allgemeine Frage** zum Thema des Bots.
- Sonstige **bot spezifische Fragen**.

Muster-Vorlage für Starterfragen

- Bitte verwende diesen Sachverhalt!

- Bitte bewerte eine fertige Lösung!
- Ich habe eine konkrete Frage zum Thema des Chatbots!
- Welchen Aufbau hat ein juristisches Forderungsschreiben üblicherweise?

Starterfragen entwickeln

Starterfragen sind der Schlüssel für einen gelungenen Einstieg in die Arbeit mit einem Bot. Sie dienen als Navigationshilfe, ermöglichen einen schnellen Einstieg und strukturieren den gesamten Dialogablauf. Richtig formuliert, sparen Starterfragen nicht nur Zeit, sondern erleichtern dem Nutzer den Zugang zu den Funktionen des Bots.

Was sind Starterfragen?

Starterfragen erscheinen auf der Startseite des Bots. Der Nutzer kann sie anklicken, ohne selbst einen Text eingeben zu müssen. Sie bieten:

- **Praktikabilität:** Der Nutzer wird direkt abgeholt und muss keine eigenen Prompts formulieren.
- **Effizienz:** Die Fragen führen den Nutzer gezielt an die richtige Stelle des Bot-Dialogs.
- **Struktur:** Sie schaffen eine logische Grundlage für mehrschrittige Prozesse, die den Bot durch verschiedene Szenarien steuern.

Wichtig bei der Formulierung von Starterfragen:

1. Vorausschauend formulieren: Überlegen Sie, welche typischen Fragen der Nutzer haben könnte.

2. Prozessphasen berücksichtigen: Gestalten Sie Fragen, die für unterschiedliche Phasen des Prozesses geeignet sind.

3. Logik und Struktur: Die Fragen sollten klar formuliert sein und logisch aufeinander aufbauen.

Nächster Schritt: Entwickeln Sie auf Basis der Starterfragen die Wissensdokumente, die dem Bot helfen, die Fragen besser mit dem Nutzer zusammen zu lösen.

5. Aktion: Wissensdokumente auswählen und hochladen

Die Grundlage für einen erfolgreichen Chatbot liegt in den Wissensdokumenten, die ihm zur Verfügung gestellt werden. Diese Dokumente dienen als „Wissensbasis", auf die der Bot zugreifen kann, um fundierte und präzise Antworten zu liefern. Besonders im Bereich der Fachkräftegewinnung und Beratung ist eine gut strukturierte Dokumentenbasis entscheidend, um schnell, effizient und konsistent zu arbeiten.

Warum sind Wissensdokumente für Bots wichtig?

Wissensdokumente gewährleisten:

- **Fundierte Wissensbasis:** Sie bieten eine solide Grundlage, damit der Bot genaue Informationen liefern kann.
- **Präzise und korrekte Antworten:** Aktuelle und verlässliche Dokumente ermöglichen es dem Bot, die richtigen Antworten zu geben.
- **Effizienz und Zeitersparnis:** Der Zugriff auf vorab hochgeladene Dokumente spart Zeit bei der Recherche und Erstellung.
- **Konsistenz und Standardisierung:** Einheitliche Dokumente gewährleisten qualitativ hochwertige Ergebnisse.
- **Aktualität:** Regelmäßige Updates der Dokumente halten den Bot auf dem neuesten Stand.

1. Fundierte Wissensbasis

Wissensdokumente bieten eine **solide Grundlage**, auf der der Bot seine Antworten aufbaut. Diese Dokumente enthalten detaillierte Informationen zu **Arbeitsabläufen, Prozessoptimierung und digitalen Tools**, die für die **korrekte und präzise Beantwortung** von Anfragen erforderlich sind.

Beispiel:

Für einen Bot, der die **Einrichtung von KI-gestützten Arbeitsplätzen** unterstützt, könnten **Checklisten zur Prozessautomatisierung, Schulungsunterlagen und Tool-Vergleiche** hinterlegt werden.

2. Präzise und korrekte Antworten

Durch den Zugriff auf aktuelle und verlässliche Wissensdokumente kann der Bot **genaue und fundierte Antworten** liefern. Das erhöht die **Zuverlässigkeit** der bereitgestellten Informationen.

Beispiel:

Fragt ein Mitarbeiter, welche **KI-Tools** für die Automatisierung von **Produktionsprozessen** empfohlen werden, kann der Bot direkt auf eine **hinterlegte Liste mit Tool-Bewertungen und Anwendungsfällen** zugreifen.

3. Effizienz und Zeitersparnis

Wissensdokumente ermöglichen es dem Bot, schnell auf **relevante Informationen** zuzugreifen und diese im Dialog zu analysieren.

Beispiel:

Anstatt selbst nach Anleitungen zur **Integration neuer KI-Software** zu suchen, kann ein Kollege sofort auf **hinterlegte Implementierungshandbücher** zugreifen, die im Bot gespeichert sind – ein **Wissenspool** entsteht!

4. Konsistenz und Standardisierung

Durch die Nutzung einheitlicher Wissensdokumente stellt der Bot sicher, dass Informationen und Antworten **konsistent und standardisiert** sind.

Beispiel:

Ein Bot, der immer auf dieselben **Arbeitsanweisungen und Prozesschecklisten** zugreift, stellt sicher, dass alle erstellten **KI-Implementierungspläne** denselben **hohen Standard** erfüllen.

5. Aktualität der Informationen

Wissensdokumente können regelmäßig aktualisiert werden, um sicherzustellen, dass der Bot immer auf dem **neuesten Stand der Technik und Best Practices** ist.

Beispiel:

Neue **Software-Updates**, **Tool-Bewertungen** oder **Erfahrungsberichte** aus anderen Projekten werden in den Wissensdokumenten hinterlegt, sodass der Bot stets **aktuelle Empfehlungen** liefern kann.

Zusammenfassung:

Die Möglichkeit des **dauerhaften Hochladens von Wissensdokumenten** ist der **entscheidende Vorteil** für das Arbeiten mit **KI-Bots** bei der **Hoffmann & Schmidt GmbH**. Sie sind die **Grundlage für präzise, zuverlässige und aktuelle Antworten**, helfen, die **Effizienz zu steigern**, **Zeit zu sparen** und die **Konsistenz** der Informationen zu gewährleisten. Mit regelmäßigen Updates bleibt der Bot stets **auf dem neuesten Stand** und kann das Unternehmen optimal bei der **Einrichtung und Nutzung KI-gestützter Arbeitsplätze** unterstützen.

Beispiele für Wissensdokumente im Kontext der Hoffmann & Schmidt GmbH

Für einen Bot, der die **Einrichtung KI-gestützter Arbeitsplätze** bei **Hoffmann & Schmidt** unterstützt, könnten folgende **Wissensdokumente** relevant sein:

- **Checklisten:**
    - *Checkliste zur Einrichtung eines KI-Arbeitsplatzes*
    - Übersicht der besten KI-Tools für mittelständische Automobilzulieferer
- **Musterpläne:**
    - *Beispiel-Ablaufplan für die Integration eines KI-gestützten Arbeitsplatzes*
    - *Muster für Schulungspläne zur Einführung digitaler Arbeitsprozesse*

- **Richtlinien und Vorschriften:**
    - *IT-Sicherheitsrichtlinien für den Einsatz von KI in der Produktion*
    - *Förderprogramme für digitale Transformation im Mittelstand*
- **Statistiken und Marktdaten:**
    - *Regionale Analysen zur Digitalisierung in der Automobilzulieferer-Branche*
    - *Prognosen zu digitalen Trends und Prozessoptimierung im Mittelstand*
- **Praxisbeispiele:**
    - *Dokumentierte Erfolgsgeschichten von Unternehmen, die KI erfolgreich implementiert haben*
- **Vorlagen:**
    - *Vorlage für ein Schulungshandbuch zur Nutzung von KI-Tools*
    - *Beispiele für interne Kommunikationspläne zur Einführung von KI-Projekten*

Anforderungen an Wissensdokumente für die Hoffmann & Schmidt GmbH

- **Aufbereitung:**
    - Klare Struktur mit **Tabellen, Bullet-Points und kurzen Absätzen**
    - Inhalte müssen **sofort umsetzbar** sein (zum Beispiel Schritt-für-Schritt-Anleitungen)
- **Anonymisierung und Pseudonymisierung:**
    - Sensible Daten wie **Namen oder Projektdetails** anonymisieren
    - *Beispiel:* Ersetzen von „Laura Hoffmann“ durch „Geschäftsführung A“
- **Umfangbegrenzung:**
    - Kürzen Sie lange Dokumente, indem Sie **irrelevante Inhalte entfernen**
    - Fokus auf **relevante, praxisnahe Informationen**

Beispiel: Wissensdokumente für den Bot „KIWorkFlowCoachH&S"

- **Fundierte Wissensbasis erstellen:**
  - *Musterplan: „Ablaufplan zur Einrichtung eines KI-Arbeitsplatzes bei Hoffmann & Schmidt"*
  - *Checkliste: „8-Schritte-Plan zur Automatisierung von Arbeitsprozessen"*
  - *Regionale Daten: „Digitalisierungsstand 2025 im Raum Stuttgart"*
- **Anonymisierung und Aktualisierung sicherstellen:**
  - Ersetzen Sie konkrete Projektnamen durch **Platzhalter** (zum Beispiel „Abteilung X")
  - **Regelmäßige Updates** von Marktanalysen und Best-Practice-Beispielen

Praktische Schritte für das Hochladen von Wissensdokumenten in den Bot

1. Zugriff auf die Upload-Funktion:

Nutzen Sie die **Upload-Schaltfläche** oder das **Büroklammer-Symbol**, um relevante Dokumente hochzuladen.

2. Kategorisierung der Dokumente:

Ordnen Sie die Dokumente nach **Themenbereichen** (zum Beispiel „Checklisten", „Schulungen", „Tools").

3. Regelmäßige Updates:

Aktualisieren Sie Dokumente **monatlich oder quartalsweise**, um die Relevanz der Inhalte zu gewährleisten.

4. Tests durchführen:

Prüfen Sie, ob der **Bot die hochgeladenen Dokumente korrekt nutzt** und präzise Antworten liefert.

Zusammenfassung: Wissensdokumente als Schlüssel zum Erfolg

Die Möglichkeit, **Dokumente dauerhaft in einen Bot hochzuladen**, ist ein entscheidender Vorteil – besonders für ein Unternehmen wie die **Hoffmann & Schmidt GmbH**.

- Eine **gut vorbereitete Wissensbasis** verbessert die **Effizienz und Qualität** der Ergebnisse,
- ermöglicht eine **konsistente und standardisierte Arbeitsweise** und
- sorgt dafür, dass der **Bot stets auf dem neuesten Stand** ist.

Nächster Schritt:

Entwickeln Sie auf Basis der **Wissensdokumente** den **Dialogablauf des Bots** zum Beispiel bei ChatGPT unter „Hinweisen“ und verbinden Sie die einzelnen Schritte logisch miteinander – für eine erfolgreiche **KI-gestützte Prozessoptimierung** bei der **Hoffmann & Schmidt GmbH**!

6. AKTION: Hinweise erstellen

Die Erstellung der **Hinweise** ist der zentrale Schritt, um einem **Bot** seine **Arbeitsweise und Logik** zu vermitteln.

Diese Hinweise dienen als **„Programmierung“**, die es dem Bot ermöglicht, die gestellten Aufgaben präzise und effizient zu lösen.

Besonders im **Unternehmenskontext** wie bei der **Hoffmann & Schmidt GmbH** sind gut durchdachte Hinweise entscheidend, um den Bot optimal einzusetzen.

Wie und wo schreibt man die Hinweise?

Die meisten **KI-Tools** bieten **Freitext-Bereiche**, in denen die **Hinweise** für den Bot eingetragen werden können – **ohne Programmierkenntnisse**. Diese Anweisungen sollten enthalten:

- **Rahmenbedingungen:** Welche Aufgabe erfüllt der Bot?
- **Schritte im Prozess:** Wie ist die logische Reihenfolge der Dialogführung?
- **Verwendung von Wissensdokumenten:** Welche Dateien oder Muster werden berücksichtigt?
- **Erwartetes Ergebnis:** Wie soll die Ausgabe aussehen?

Logik für den Bot entwickeln – so geht's:

1. Analyse des bisherigen Prozesses:

- *Welche Prompts habe ich **bisher manuell** eingegeben, um den gewünschten Output zu erhalten?*
- *Welche **Details** habe ich der KI mitgeteilt (zum Beispiel Kontext, Aufgabe, Zielgruppe)?*

Schreiben Sie diese Schritte auf, da sie die Grundlage für das **Rahmenprogramm** bilden.

2. Verfeinerungsschritte analysieren:

- Welche **Nachfragen** habe ich bisher der KI gestellt?
- Welche **Antworten** waren hilfreich?
- Welche zusätzlichen **Informationen** hat die KI benötigt, um präzise Ergebnisse zu liefern?

Diese **Verfeinerungsschritte** helfen, den **Dialogablauf** für den Bot zu gestalten.

Struktur des Bots – 2 zentrale Bestandteile:

1. Teil: Rahmenprogramm

Das **Rahmenprogramm** enthält die **grundsätzlichen Anweisungen** für den Bot.

Beispiel für einen Bot zum Beispiel mit dem Namen „KIWorkFlowCoachH&S“ bei Hoffmann & Schmidt:

- **Kontext:**
  „Du bist ein Bot, der die Hoffmann & Schmidt GmbH bei der Einrichtung und Optimierung KI-gestützter Arbeitsplätze unterstützt.“
- **Rolle:**
  „Deine Rolle ist die eines digitalen Assistenten. Du analysierst bestehende Arbeitsprozesse, schlägst geeignete KI-Tools vor und begleitest die Implementierung.“

- **Thema:**
  „KI-Integration und Prozessoptimierung in mittelständischen Automobilzulieferbetrieben."
- **Problem:**
  „Das Unternehmen hat ineffiziente Arbeitsprozesse und möchte mit KI-gestützten Lösungen effizienter arbeiten."
- **Aufgabe:**
  „Erstelle einen detaillierten Plan zur Einrichtung von KI-gestützten Arbeitsplätzen inklusive Tool-Vorschlägen und Schulungsplänen."
- **Wissensdokumente:**
  „Nutze die hochgeladenen Checklisten, Tool-Analysen und Schulungshandbücher als Grundlage."
- **Format/Länge/Stil:**
  „Der Integrationsplan sollte klar strukturiert, praxisnah und maximal 1.500 Wörter lang sein."
- **Zielgruppe:**
  „Das Ergebnis richtet sich an die Geschäftsführung (Laura Hoffmann und Markus Schmidt) sowie an die Projektleiter der Abteilungen."

2. Teil: Dialogablauf

Der **Dialogablauf** beschreibt, wie der Bot mit dem Nutzer interagiert:

- **Fragen des Bots** (vorgegebene Eingaben des Entwicklers)
- **Antworten des Nutzers** (vom Bot verarbeitet)
- **Feedback-Schleifen** (Änderungen und Anpassungen)

Beispiel für den Bot „KIWorkFlowCoachH&S":

- **Einleitung und Zielsetzung:**
  „Hallo, ich bin Ihr digitaler Assistent für die KI-Integration. Lassen Sie uns gemeinsam einen Plan für KI-gestützte Arbeitsplätze bei Hoffmann & Schmidt

entwickeln. Welche Abteilung soll zuerst optimiert werden?"

- **Informationen sammeln:**
  „Welche Arbeitsprozesse empfinden Sie derzeit als zeitaufwendig oder ineffizient?"
  „Gibt es bereits digitale Tools, die Sie gerne integrieren würden?"
- **Vorschläge entwickeln:**
  „Basierend auf Ihren Angaben schlage ich folgende KI-Tools vor: [Tool A, B, C]. Möchten Sie weitere Details zu den einzelnen Tools?"
- **Nachbearbeitung und Anpassungen:**
  „Soll ich die vorgeschlagenen Tools mit den aktuellen Prozessen abgleichen und einen Implementierungsplan erstellen?"
- **Erstellung des Integrationsplans:**
  „Ich werde nun einen detaillierten Integrationsplan erstellen. Bitte geben Sie Bescheid, ob Anpassungen notwendig sind."
- **Feedback-Schleifen:**
  „Sind die vorgeschlagenen Maßnahmen verständlich? Gibt es zusätzliche Wünsche?"
- **Abschluss:**
  „Der KI-Integrationsplan wurde erstellt und liegt Ihnen zur Durchsicht vor. Möchten Sie eine Druckversion oder eine digitale Kopie?"

Fazit:

Ein gut durchdachtes Rahmenprogramm und ein strukturierter Dialogablauf bilden das Herzstück Ihres KI-Bots bei der Hoffmann & Schmidt GmbH. Damit wird der Bot zu einem verlässlichen digitalen Kollegen, der präzise Ergebnisse liefert, Arbeitsprozesse optimiert und das Unternehmen effizienter macht.

7. AKTION: Logo erstellen

- Aktion: Entwerfen Sie ein Logo, mit dem der Chatbot schnell gefunden werden kann.
- Tipp: Nutzen Sie ein Design, das durch bestimmte Farbgebung und große Buchstaben seine Funktion und Ziele verdeutlicht.

Ein gut gestaltetes Logo kann dazu beitragen, den Wiedererkennungswert Ihres Custom ChatGPT zu erhöhen und ihm eine professionelle Note zu verleihen. Mit den richtigen Tools und etwas Kreativität können Sie ein beeindruckendes Logo erstellen. Diese Anleitung zeigt Ihnen, wie Sie das in wenigen Schritten umsetzen können.

Warum ein Logo wichtig ist

Ein Logo ist die visuelle Visitenkarte Ihres Bots. Es signalisiert sofort:

- **Wofür der Bot steht:** Ein klarer, relevanter Name in Kombination mit passenden Symbolen und Farben macht den Zweck des Bots auf einen Blick erkennbar.
- **Schneller Zugriff:** Besonders bei einer Vielzahl von Bots in Ihrer Arbeitsumgebung hilft ein unverwechselbares Logo, den richtigen Bot schnell zu finden.
- **Markenbildung:** Ein einheitliches Design schafft Vertrauen und Professionalität, insbesondere, wenn der Bot mit externen Nutzern interagiert.

Wie Sie ein Logo für Ihren Bot bei der Hoffmann & Schmidt GmbH erstellen

1. Inspiration sammeln

- Schauen Sie sich **Logos von digitalen Tools, KI-Anwendungen oder Automobilzulieferern** an.
- Plattformen wie **Behance, Dribbble oder Pinterest** bieten eine Vielzahl kreativer Ideen.

- Achten Sie auf **Farben, Formen und Schriftarten,** die für die **mittelständische Automobilbranche** professionell und ansprechend wirken.

2. Design-Tools auswählen

- **Canva:** Für einfache, schnelle Designs – ideal für erste Entwürfe.
- **Adobe Illustrator:** Für detaillierte, skalierbare und professionelle Designs.
- **DALL·E:** Für **KI-gestützte kreative Vorschläge** und einzigartige Ideen.

3. Konzept und Skizze entwickeln

- Überlegen Sie, wie das Logo die **Funktion des Bots** widerspiegeln kann.
- **Fragen**, die helfen:
    - *Welche Botschaft soll das Logo vermitteln?* (zum Beispiel Innovation, Effizienz, digitale Transformation)
    - *Welche Farben passen zu Hoffmann & Schmidt?* (zum Beispiel **Blau** für Vertrauen und Stabilität, **Silber/ Grau** für Technologie und Innovation)
    - *Soll das Logo Text, Symbole oder beides enthalten?*
- **Beispiel:**
  Für den Bot „**KIWorkFlowCoachH&S**" könnten Sie:
    - ein **Zahnrad** (Symbol für Prozesse und Technik) mit einem **Blitz** (Symbol für Geschwindigkeit und Innovation) kombinieren,
    - **Blau und Grau** als Farben wählen, um **Seriosität und Zukunftsorientierung** auszudrücken,
    - den Namen in **klarer, moderner Schrift** platzieren, damit er auch in kleinen Formaten lesbar bleibt.

4. Gestaltung umsetzen

- **Formen und Symbole:** Verwenden Sie **einfache, ausdrucksstarke Symbole**, die zur Funktion des Bots passen (zum Beispiel Zahnräder, digitale Netzwerke, Chat-Symbole).

- **Farbschema:** Wählen Sie **harmonische Farben**, die zur **Corporate Identity** von Hoffmann & Schmidt passen.
- **Typografie:** Setzen Sie auf **klare, serifenlose Schriftarten**, die in kleinen Größen gut lesbar sind.
- **Beispiel:**
- Das Logo für **„KIWorkFlowCoachH&S"** könnte ein **blaues Zahnrad mit einem Blitzsymbol** enthalten, während der Name in **grauer, moderner Schrift** darunter steht – ergänzt durch den Slogan *„Digitale Prozesse leicht gemacht"*.

5. **Feinschliff und Anpassung**
   - **Lesbarkeit:** Ist der Text auch auf kleinen Bildschirmen (zum Beispiel Smartphones) gut erkennbar?
   - **Skalierbarkeit:** Funktioniert das Design sowohl auf einem **großen Bildschirm** als auch im **Bot-Menü**?
   - **Klarheit:** Wird die **Funktion des Bots** auf den ersten Blick deutlich?
6. **Exportieren und Bereitstellen**
   - **PNG:** Für Webseiten und den Einsatz im **Bot-Menü**.
   - **SVG:** Für **skalierbare Vektorgrafiken** ohne Qualitätsverlust.
   - **PDF:** Für den **Druck von Materialien**, falls nötig (zum Beispiel für Präsentationen im Unternehmen).

Tipp: DALL·E für die Logo-Erstellung nutzen

Das **KI-Tool DALL·E** kann kreative und professionelle Logodesigns erstellen.

Beispiel für eine Eingabe in DALL·E:

„Erstelle ein minimalistisches Logo für den Chatbot ‚KI-WorkFlowCoachH&S'. Verwende ein Zahnrad-Symbol, kombiniert mit einem Blitz, in den Farben Blau und Grau. Füge den Namen ‚KI-WorkFlowCoach H&S' in moderner, serifenloser Schrift ein. Das Design soll professionell, modern und technologisch wirken."

Zusammenfassung: Ein gelungenes Logo für Ihren Bot

Ein gut gestaltetes **Bot-Logo** gibt Ihrem Projekt bei der **Hoffmann & Schmidt GmbH**:

- **Eine klare Identität:** Die Funktion und Zielsetzung sind sofort erkennbar.
- **Wiedererkennungswert:** Mitarbeitende und Abteilungen finden den Bot schnell und intuitiv.
- **Professionalität:** Ein durchdachtes Design vermittelt **Seriosität, Verlässlichkeit und Innovationskraft**.

Nächster Schritt:

Kombinieren Sie Ihr **Logo** mit dem **Dialogablauf** und testen Sie, wie die **Nutzer** auf das **Gesamtpaket aus Design und Funktionalität** reagieren – für einen erfolgreichen Einsatz Ihres **KI-Bots**!

8. AKTION: Vorschau mit Trainingsphasen

Die **Vorschau- und Trainingsphase** ist ein entscheidender Schritt, um die **Effektivität und Genauigkeit** Ihres Bots zu maximieren. In dieser Phase lernen Sie, wie der Bot auf verschiedene Eingaben reagiert, welche Schwächen er hat und wie Sie ihn kontinuierlich verbessern können.

Was bedeutet „Training" für einen Bot?

Einen Bot zu trainieren heißt, seine Leistung durch **wiederholte Anwendung und Anpassung** zu optimieren. Dabei werden **Interaktionen beobachtet**, **Feedback gesammelt** und der Bot entsprechend **angepasst**, um genauere und relevantere Ergebnisse zu liefern.

Warum die Vorschaufunktion nutzen?

Tools wie **ChatGPT** bieten eine spezielle Funktion namens **„Vorschau erstellen"**, mit der Sie Ihren Bot testen und optimieren können, bevor Sie ihn im produktiven Einsatz verwenden.

- Vorteile der Vorschaufunktion:

  - **Sofortige Anpassungen:** Bearbeiten und testen Sie den Bot direkt im Vorschau-Modus.
  - **Kein Datenverlust:** Ergebnisse können kopiert und gespeichert werden.
  - **Effizienz:** Der schnelle Wechsel zwischen Vorschau und Bearbeitung spart Zeit.

Die 5 Schritte des Trainingsprozesses:

1. **Häufige Anwendung:**
   - Setzen Sie den Bot in verschiedenen Szenarien ein – von **einfachen Routineaufgaben** bis zu **komplexen Prozessen**.
   - *Beispiel:* Nutzen Sie den Bot, um **Checklisten zur KI-Arbeitsplatz-Integration** zu erstellen, aber auch für **detaillierte Pläne zur Prozessoptimierung**.
2. **Beobachtung und Analyse:**
   - Überwachen Sie die **Interaktionen** des Bots und analysieren Sie seine **Antworten**.
   - Achten Sie auf:
     - Unstimmigkeiten in den Antworten,
     - Muster, die auf Schwächen hinweisen.
   - *Beispiel:* Überprüfen Sie, ob der Bot bei der **Auswahl geeigneter KI-Tools** alle wichtigen Details berücksichtigt oder ob Nachfragen erforderlich sind.
3. **Feedback und Anpassungen:**
   - Sammeln Sie **Rückmeldungen** der Nutzer (zum Beispiel Projektleiter, Mitarbeitende).
   - Fragen Sie:
     - *„Waren die Antworten hilfreich und präzise?"*
     - *„Gab es fehlende Informationen?"*
   - **Anpassung:** Aktualisieren Sie die **Hinweise und Wissensdokumente**, um Lücken zu schließen.

4. **Regelmäßige Überprüfung:**
   - Prüfen Sie die **Leistung des Bots** in regelmäßigen Abständen.
   - Führen Sie **Updates** durch, indem Sie neue **Prozessdokumente und Best Practices** hochladen.
   - *Beispiel:* Fügen Sie neue **Softwarebewertungen** oder **digitale Tools** hinzu, die für die KI-Integration relevant sind.

5. **Iterativer Verbesserungsprozess:**
   - Optimieren Sie den Bot **kontinuierlich,** basierend auf den gewonnenen Erkenntnissen.
   - Ziel: Der Bot soll im Laufe der Zeit **immer präzisere und effizientere** Ergebnisse liefern.
   - *Beispiel:* Testen Sie den Bot regelmäßig mit neuen Szenarien, zum Beispiel der **Automatisierung eines neuen Arbeitsprozesses** oder der **Integration eines weiteren KI-Tools**.

Grenzen von Bots:

Komplexität der Anfragen:

Bots können **standardisierte Aufgaben** hervorragend bewältigen, stoßen aber bei **hochkomplexen Fragestellungen** an ihre Grenzen.

Beispiel: Die **Bewertung eines vollständigen Lieferkettenmanagements** erfordert oft noch **menschliche Expertise**.

Kontextverständnis:

Bots haben manchmal Schwierigkeiten, den **vollständigen Kontext** einer Anfrage zu verstehen.

Beispiel: Unklare Angaben zur **aktuellen Softwarelandschaft** könnten zu **Missverständnissen** führen.

Abhängigkeit von Datenqualität:

Die Genauigkeit hängt stark von der **Qualität der Trainingsdaten** ab.

Beispiel: **Veraltete Tool-Listen** können zu **ungenauen Empfehlungen** führen.

Vorschau-Training: Ein Beispiel bei der Hoffmann & Schmidt GmbH

Ausgangssituation:

Der Bot **„KIWorkFlowCoachH&S“** soll die Anfrage eines Projektleiters bearbeiten, der einen **Ablaufplan für die Einrichtung eines KI-gestützten Arbeitsplatzes** benötigt.

Test im Vorschau-Modus:

- **Frage des Projektleiters:**
  „Bitte erstelle einen Ablaufplan für die Integration eines KI-gestützten Arbeitsplatzes in der Produktionsabteilung. Es gibt bereits ein ERP-System, das integriert werden muss.“
- **Antwort des Bots:**
  „Verstanden! Bitte bestätigen Sie, ob ich die vorhandenen Daten zu Ihrem ERP-System verwenden soll. Möchten Sie auch eine Liste empfohlener KI-Tools für die Produktionsoptimierung?“

Beobachtung:

- Die Antwort ist präzise, aber es fehlt eine Nachfrage zu **Schulungsbedarfen** oder **IT-Sicherheitsanforderungen**.

Anpassung:

- Der Bot wird so angepasst, dass er explizit nach **bestehenden IT-Richtlinien** und **Schulungsanforderungen** fragt.

Schlussfolgerung:

Ein gut trainierter **Bot** ist ein **unschätzbares Werkzeug** für die **Hoffmann & Schmidt GmbH** – er übernimmt nicht nur **Routineaufgaben**, sondern erhöht auch die **Effizienz und Präzision** bei der **Einrichtung und Optimierung KI-gestützter Arbeitsplätze**.

Indem Sie die **Trainingsphasen konsequent durchlaufen**, stellen Sie sicher, dass Ihr Bot den höchsten Ansprüchen gerecht wird und ein **echter digitaler Kollege** wird!

ALEX KI-Workflow-STARTER

Wie unterstützt KI dabei, strategische Entscheidungen zu treffen und effiziente Workflows zu entwickeln – ohne endlose Meetings, manuelle Analysen und die Frage: „Haben wir alle Optionen berücksichtigt?"

KI kann **Workflows automatisieren, strategische Analysen erstellen** und **Entscheidungsprozesse optimieren**, damit Unternehmer ihren Kunden gegenüber fundierte Unternehmensprozesse abbilden können. Während andere Unternehmer noch Daten sammeln, hat die KI bereits einen **umfassenden Strategieplan mit Maßnahmenvorschlägen** erstellt.

„Brauchen wir eine weitere Analyse?" fragt die KI nie – sie liefert, bevor Sie danach fragen.

ALEX unterstützt bei der **Erstellung von Workflow-Optimierungen**, der **Analyse von Unternehmensprozessen** und der **Entwicklung strategischer Roadmaps**. Aber ein Hinweis: KI kann Prozesse vorbereiten – die Beratung und Umsetzung bleibt Ihre Expertise.

3. Anwendungsfall:

Hanna Herz, Betriebsberaterin, möchte für Geschäftsführer Laura Hoffmann und Markus Schmidt der Hoffmann & Schmidt GmbH, für ihr Unternehmen strategische Workflows entwickeln, um KI-gestützte Prozesse einzuführen. Sie nutzen ALEX, einen KI-Workflow-Assistenten, und fragen:

„Wie kann ich einen KI-gestützten Workflow für ein mittelständisches Produktionsunternehmen entwickeln?"

ALEX analysiert die Unternehmensprozesse und schlägt vor:

- Erstellung eines KI-Integrationsplans, der alle Abteilungen einbindet.
- Automatisierung manueller Aufgaben, um Zeit und Ressourcen zu sparen.
- Entwicklung einer Roadmap, die klare Meilensteine und Schulungsmaßnahmen enthält.

Nach 3 Monaten sagt Laura: *„Dank ALEX kann ich meinen Kunden nicht nur klare Workflows liefern, sondern auch KI-Projekte schneller und effizienter umsetzen."*

55. Workflow-Optimierungs-Prompt

Sie sind ALEX – mein KI-Workflow-Assistent (**Rolle**)

Analysieren Sie die Geschäftsprozesse eines mittelständischen Unternehmens, das KI-Workflows implementieren möchte. (**Kontext**)

Erstellen Sie eine Workflow-Strategie mit KI-Integration für effiziente Unternehmensprozesse. (**Thema**)

Das Unternehmen benötigt Unterstützung bei der Automatisierung manueller Aufgaben, der Optimierung von Abläufen und der Schulung der Mitarbeitenden. (**Problem**)

Erarbeiten Sie einen Maßnahmenplan mit Tools, Zeitplänen und Schulungsempfehlungen für den Betriebsberater und das Unternehmen. (**Aufgabe**)

Berücksichtigen Sie die bestehende IT-Infrastruktur und die Branchenanforderungen laut den hochgeladenen Dokumenten. (**Spezifische Informationen**)

Formulieren Sie den Plan als strukturierte, leicht verständliche Anleitung im professionellen Stil, geeignet für Betriebsberater und KMU-Geschäftsführer. (**Format, Länge und Stil**)

Die Zielgruppe besteht aus KMU, die bei der KI-Integration unterstützt werden sollen, und Geschäftsführern mittelständischer Unternehmen, die eine effiziente und praxistaugliche Lösung suchen. (**Zielgruppe**)

Vermeiden Sie unstrukturierte Automatisierungen und unüberlegte KI-Implementierungen. Konzentrieren Sie sich auf praxisnahe Workflows mit direktem Nutzen für Unternehmen. Setzen Sie ausschließlich realistische und etablierte Automatisierungsstrategien ein, die sich nahtlos in bestehende Geschäftsprozesse integrieren lassen. (**Warnhinweis**)

Tipp: „Gute Workflows sind wie gute Autobahnen – keine Staus, klare Ziele und schnelles Vorankommen."

- Fragen Sie die KI: *„Wie kann ich einen **KI-gestützten Workflow** für ein Produktionsunternehmen entwickeln?"* – und erhalten Sie eine **detaillierte Anleitung**.

Trick: „Automatisierte Prozesse sparen nicht nur Zeit, sondern verbessern auch die Qualität."

- Bitten Sie die KI: *„Erstellen Sie einen **KI-Integrationsplan** für ein KMU – inklusive Workflow-Diagrammen und Schulungsmaßnahmen."*

Geheimnis: „KI ist mehr als ein Tool – sie ist Ihr Workflow-Coach."

- Fragen Sie: *„Entwickeln Sie eine **Workflow-Optimierungsstrategie** für ein Beratungsprojekt, das KI-Prozesse einführen möchte."* – und liefern Sie Ihren Kunden Best-in-Class-Lösungen.

Probieren Sie es aus:

- Fragen Sie: *„Erstellen Sie ein **Workflow-Optimierungskonzept** für ein mittelständisches*

*Unternehmen – inklusive **KI-Tools, Maßnahmenplänen und Schulungsstrategien.**“*

Nutzen Sie **ALEX** als Ihren **digitalen KI-Workflow-Assistenten**.

QR-Code zum Chatbot ALEX

Drücken Sie die **„Magic Buttons“** des Chatbots, um:

- **Fragen beziehungsweise Anwendungsfälle zu lösen,**
- **Webinare zur Vertiefung des Themas zu starten,**
- **spielerisch das Thema des Chatbots zu durchdringen.**

11. Schritt: Systematische Falllösung mit den 9 Schritten des KI-Workflow-Erstellungs-Schemas

Bevor **KI-Tools** Einzug in den Unternehmensalltag hielten, waren **präzise und systematische Vorgehensweisen** bei der Optimierung betrieblicher Abläufe bereits ein **Erfolgsfaktor**. Die **Einrichtung KI-gestützter Arbeitsplätze** erfordert nicht nur ein tiefes Verständnis der **betrieblichen Abläufe**, sondern auch die Fähigkeit, **effiziente und maßgeschneiderte Lösungen** zu entwickeln.

Unternehmer wie **Laura Hoffmann und Markus Schmidt** entwickeln im Laufe ihrer Tätigkeit eigene Strategien, um **Arbeitsprozesse zu optimieren** und **Engpässe zu vermeiden**. Doch der Weg dorthin kann komplex sein. Die gute Nachricht: **KI** kann diesen Prozess **strukturieren, vereinfachen und wiederholbar machen**.

Um dies zu erreichen, sollte ein **Workflow-Schema** verwendet werden, das sich in der Praxis bewährt hat:

Warum dieses Schema?

Aus den Erfahrungen mit **KI-Prozessoptimierung** ist festzustellen, dass die größten Herausforderungen oft in **fehlender Struktur, unklaren Verantwortlichkeiten** und **mangelnder Effizienz** liegen.

Das **KI-Workflow-Schema** bietet eine klare Anleitung, wie ein **KI-gestützter Arbeitsplatz eingerichtet** und **kontinuierlich optimiert** werden kann.

Dieses Schema verbindet:

- **Logische Struktur:** Eine klare Schrittfolge, die sicherstellt, dass alle wesentlichen Punkte berücksichtigt werden.
- **Präzision und Klarheit:** Vermeidung von Wiederholungen und redundanten Prozessen.
- **Individuelle Anpassung:** Raum für **betriebsspezifische Lösungen** bei der Hoffmann & Schmidt GmbH.

Woraus besteht das Schema?

Das **KI-Workflow-Schema** gliedert sich in **9 Hauptschritte**, die alle relevanten Aspekte der **Prozessoptimierung** umfassen:

- von der **Analyse der aktuellen Abläufe**
- über die **Auswahl der richtigen KI-Tools**
- bis hin zur **Schulung der Mitarbeitenden** und
- **laufenden Evaluierung**.

Mit diesem Schema erhalten **Laura Hoffmann und Markus Schmidt** ein **leistungsstarkes Werkzeug**, das nicht nur hilft, den **KI-Integrationsprozess zu steuern**, sondern auch eine **klare und umsetzbare Grundlage** für den **täglichen Betrieb** schafft.

Die Merkformel für dieses strukturierte Vorgehen lautet S-P-V-B-Z-G-A-R und steht für folgende Inhalte:

9 Schritte der KI-Workflow-Erstellung (S-P-V-B-Z-G-A-R-Merkformel)

- **S – Situationsanalyse:**
  Analysieren Sie die bestehenden Arbeitsprozesse und identifizieren Sie Engpässe und Potenziale für KI-Integration.
- **P – Prozessziele definieren:**
  Legen Sie fest, welche Ziele mit der Einrichtung eines KI-gestützten Arbeitsplatzes erreicht werden sollen (zum Beispiel Effizienzsteigerung, Reduktion von Lieferengpässen).
- **V – Verfügbare Ressourcen bewerten:**
  Prüfen Sie, welche digitalen Tools, personellen Ressourcen und finanziellen Mittel zur Verfügung stehen.
- **B – Bestehende Workflows dokumentieren:**
  Erfassen Sie die aktuellen Arbeitsabläufe, um Optimierungspotenziale mit KI zu identifizieren.
- **Z – Zielgerichtete KI-Lösungen auswählen:**
  Wählen Sie geeignete KI-Tools, die zu den Zielen und Prozessen bei Hoffmann & Schmidt passen.
- **G – Gezielte Schulung der Mitarbeitenden:**
  Entwickeln Sie Schulungspläne, um das Team im Umgang mit den neuen KI-Tools fit zu machen.
- **A – Automatisierung implementieren:**
  Integrieren Sie die gewählten KI-Tools schrittweise in die bestehenden Abläufe und automatisieren Sie Prozesse.
- **R – Regelmäßige Evaluierung und Anpassung:**
  Überprüfen Sie regelmäßig die Wirksamkeit der KI-gestützten Arbeitsplätze und nehmen Sie Anpassungen vor, um den Betrieb kontinuierlich zu optimieren.

Mit diesem Schema werden die **Hoffmann & Schmidt GmbH** und andere **mittelständische Unternehmen** zu **Prozessmanagern auf Top-Niveau** – mit einem **KI-gestützten Arbeitsumfeld**, das **Effizienz, Innovation und Wettbewerbsfähigkeit** sichert! **Dieses Schema dient als Werkzeug für die Unternehmenspraxis.**

Anwendung des S-P-V-B-Z-G-A-R-Schemas: Beispiel-Prompts

Zur Veranschaulichung der 9 Schritte folgende **praxisnahe Prompts**, die Sie durch den Prozess der **KI-gestützten Prozessoptimierung** führen.

1. Schritt: Situationsanalyse – aktuellen Stand erfassen

- **Unternehmensdetails:** Dokumentieren Sie den aktuellen Stand der Hoffmann & Schmidt GmbH – Geschäftsführung, Abteilungen, bestehende digitale Tools und Arbeitsprozesse.
- **Prozessanalyse:** Beschreiben Sie präzise, welche Arbeitsbereiche optimiert werden sollen und warum.
- **Ressourcencheck:** Erfassen Sie verfügbare IT-Ressourcen, Software und Mitarbeiterschulungen.

56. Beschreibungs-Prompt

Beschreibe die aktuelle Situation bei der Hoffmann & Schmidt GmbH, insbesondere die Herausforderungen in der Verwaltung und Produktion sowie den Wunsch der Geschäftsführung nach KI-gestützten Arbeitsprozessen.

- „Beschreibe die aktuelle Situation bei der Hoffmann & Schmidt GmbH“ (= Kontext hinzugefügt).
- „insbesondere die Herausforderungen in der Verwaltung und Produktion“ (= Thema definiert).
- „sowie den Wunsch der Geschäftsführung nach KI-gestützten Arbeitsprozessen“ (= Ziel spezifiziert).

2. Schritt: Prozessziele definieren – klare Zielsetzungen festlegen

- **Ziele:** Definieren Sie, welche konkreten Ziele durch die KI-Integration erreicht werden sollen (zum Beispiel Automatisierung administrativer Aufgaben, Effizienzsteigerung in der Produktion).
- **Messgrößen:** Legen Sie fest, wie der Erfolg gemessen wird (zum Beispiel Zeitersparnis, Reduktion von Fehlern).

> ***57. Ziel-Prompt***
>
> Was sind die Ziele der KI-Integration bei der Hoffmann & Schmidt GmbH? Die Geschäftsführung möchte Lieferengpässe reduzieren, Arbeitsabläufe automatisieren und die Verwaltung entlasten.

- „Was sind die Ziele der KI-Integration bei der Hoffmann & Schmidt GmbH?“ (= Aufgabe formuliert).
- „Lieferengpässe reduzieren“ (= Problem beschrieben)
- „Arbeitsabläufe automatisieren und Verwaltung entlasten“ (= Zielgruppe und strategische Zielsetzung definiert).

3. Schritt: Verfügbare Ressourcen bewerten – Potenziale und Grenzen erfassen

- **Technik-Check:** Führen Sie eine Bestandsaufnahme der bestehenden IT-Systeme und Tools durch.
- **Mitarbeiter-Skills:** Analysieren Sie, welches Knowhow im Team vorhanden ist und wo Schulungsbedarf besteht.

> ***58. Ressourcen-Prompt***
>
> Welche digitalen Tools und IT-Ressourcen stehen der Hoffmann & Schmidt GmbH derzeit zur Verfügung, um KI-Arbeitsplätze einzurichten? Identifiziere auch personelle Ressourcen und Schulungsbedarf.

- „Welche digitalen Tools und IT-Ressourcen stehen der Hoffmann & Schmidt GmbH derzeit zur Verfügung“ (= Aufgabe definiert).
- „um KI-Arbeitsplätze einzurichten“ (= Zielsetzung beschrieben).
- „Identifiziere auch personelle Ressourcen und Schulungsbedarf“ (= spezifische Informationen bereitgestellt).

4. Schritt: Bestehende Workflows dokumentieren – Arbeitsabläufe erfassen

- **Prozesserfassung:** Dokumentieren Sie die aktuellen Arbeitsabläufe inklusive Schwachstellen und ineffizienten Prozessen.
- **Datenquellen:** Beschreiben Sie, welche Daten und Tools im aktuellen Workflow genutzt werden.

59. Workflow-Prompt

Dokumentiere die bestehenden Arbeitsprozesse in der Verwaltung und Produktion bei der Hoffmann & Schmidt GmbH und identifiziere Schwachstellen, die durch KI optimiert werden könnten.

- „Dokumentiere die bestehenden Arbeitsprozesse“ (= Aufgabe konkretisiert).
- „in der Verwaltung und Produktion“ (= Kontext beschrieben).
- „und identifiziere Schwachstellen“ (= Problem spezifiziert).

5. Schritt: Zielgerichtete KI-Lösungen auswählen – Tools finden und bewerten

- **Tool-Auswahl:** Recherchieren Sie KI-Tools, die für die Automatisierung geeignet sind.
- **Bewertung:** Vergleichen Sie die Tools nach Kosten, Funktionalität und Integrationsfähigkeit.

60. Tool-Auswahl-Prompt

Erstelle eine Liste geeigneter KI-Tools für die Automatisierung von Arbeitsprozessen bei der Hoffmann & Schmidt GmbH. Bewerte sie nach Kosten, Nutzen und Integrationsfähigkeit

- „Erstelle eine Liste geeigneter KI-Tools“ (= Aufgabe definiert).
- „für die Automatisierung von Arbeitsprozessen“ (= Ziel spezifiziert).
- „Bewerte sie nach Kosten, Nutzen und Integrationsfähigkeit“ (= spezifische Anforderungen bereitgestellt).

6. Schritt: Gezielte Schulung der Mitarbeitenden – Know-how aufbauen

- **Schulungsplan:** Entwickeln Sie Trainingsprogramme, um Mitarbeitende im Umgang mit den neuen KI-Tools zu schulen.
- **Ressourcen:** Beschreiben Sie, welche Schulungsmaterialien und Trainer benötigt werden.

61. Schulungs-Prompt

Erstelle einen Schulungsplan für die Mitarbeitenden der Hoffmann & Schmidt GmbH zur Nutzung der neuen KI-Tools. Berücksichtige dabei unterschiedliche Abteilungen und Wissensstände.

- „Erstelle einen Schulungsplan“ (= Aufgabe konkretisiert).
- *„für die Mitarbeitenden der Hoffmann & Schmidt GmbH“ (= Zielgruppe definiert).*
- „zur Nutzung der neuen KI-Tools“ (= Thema spezifiziert).

7. Schritt: Automatisierung implementieren – KI-Tools einführen

- **Implementierungsplan:** Erstellen Sie einen Ablaufplan für die Einführung der KI-Tools.
- **Verantwortlichkeiten:** Definieren Sie, wer für welche Aufgaben zuständig ist.

> ***62. Implementierungs-Prompt***
>
> *Erarbeite einen detaillierten Implementierungsplan für die Einführung von KI-Arbeitsplätzen bei der Hoffmann & Schmidt GmbH. Definiere die Verantwortlichkeiten und den Zeitrahmen.*

- „Erarbeite einen detaillierten Implementierungsplan" (= Aufgabe konkretisiert).
- *„für die Einführung von KI-Arbeitsplätzen" (= Thema beschrieben).*
- „Definiere die Verantwortlichkeiten und den Zeitrahmen" (= spezifische Anforderungen hinzugefügt).

8. Schritt: Regelmäßige Evaluierung und Anpassung – Prozesse überwachen

- **Evaluierung:** Entwickeln Sie Methoden zur regelmäßigen Überprüfung der KI-Integration.
- **Optimierung:** Passen Sie Workflows an, basierend auf den Erkenntnissen.

> ***63. Evaluierungs-Prompt***
>
> Erstelle einen Plan zur regelmäßigen Evaluierung der KI-gestützten Arbeitsplätze bei der Hoffmann & Schmidt GmbH. Füge Kriterien wie Effizienzsteigerung und Mitarbeiterzufriedenheit hinzu.

- „Erstelle einen Plan zur regelmäßigen Evaluierung" (= Aufgabe formuliert).

- „der KI-gestützten Arbeitsplätze bei der Hoffmann & Schmidt GmbH" (= Kontext beschrieben).
- „Füge Kriterien wie Effizienzsteigerung und Mitarbeiterzufriedenheit hinzu" (= spezifische Anforderungen ergänzt).

9. Schritt: Dokumentation und Abschluss – Ergebnisse festhalten

- **Abschlussdokumentation:** Erfassen Sie alle Maßnahmen, erreichten Ziele und Feedbacks.
- **Empfehlungen:** Geben Sie Anregungen für zukünftige Optimierungen.

> ***64. Dokumentations-Prompt***
> Fasse die Ergebnisse der KI-Integration bei der Hoffmann & Schmidt GmbH zusammen und entwickle Empfehlungen für weitere Prozessoptimierungen.

- „Fasse die Ergebnisse der KI-Integration zusammen" (= Aufgabe konkretisiert).
- „bei der Hoffmann & Schmidt GmbH" (= Kontext beschrieben).
- „und entwickle Empfehlungen für weitere Prozessoptimierungen" (= Zielsetzung formuliert).

Zwischenergebnis:

Ein gut strukturiertes und detailliertes **KI-Workflow-Schema** bietet der **Hoffmann & Schmidt GmbH** eine **wertvolle Grundlage**, um **Arbeitsprozesse nachhaltig zu optimieren**. Mit diesen **praxisnahen Prompts** wird die **Einrichtung und Verwaltung KI-gestützter Arbeitsplätze** so professionell wie bei einem **Top-Unternehmensberater** – jederzeit anwendbar und individuell anpassbar!

12. Schritt: Schließen Sie sich einer KI-Community an!

Warum eine KI-Community unverzichtbar ist

In der modernen Wirtschaft ist kontinuierliche Weiterbildung der Schlüssel zum Erfolg.

Besonders die Integration von Künstlicher Intelligenz (KI) eröffnet Juristen, Unternehmen, Beratern, Studierenden und Lehrenden immense Möglichkeiten, erfordert jedoch auch eine fundierte Vorbereitung und den ständigen Austausch mit Fachkollegen.

Hier zeigt sich der unschätzbare Wert einer engagierten KI-Community.

Die Herausforderungen der KI-Integration

Viele Unternehmer stehen bei der Anwendung von KI vor denselben Fragen:

- Wie beginne ich mit der Nutzung von KI?
- Welche Tools sind für meine Arbeit am nützlichsten?
- **Wie vermeide ich typische Fehler bei der Integration?**
- Das Fehlen einer klaren Strategie, Zeitdruck und mangelnde Ressourcen machen die Herausforderungen oft komplexer, als sie sein müssten. Eine gut vernetzte Community bietet Orientierungshilfen und praxisnahe Unterstützung, um diesen Einstieg zu erleichtern.

Der Nutzen gemeinschaftlicher Stärke

Was wäre, wenn Sie nie wieder allein vor einem Problem stehen müssten?

Der Beitritt zu einer KI-Community eröffnet die Möglichkeit, gemeinsam mit anderen Experten zu wachsen und sich gegenseitig zu unterstützen. Durch den kollektiven Austausch von Wissen und Erfahrungen können Sie:

- schneller von erfolgreichen Praxisbeispielen lernen,

- neue Anwendungen für KI entdecken, die Sie allein vielleicht nicht berücksichtigt hätten,
- individuelle Herausforderungen mit Unterstützung der Community lösen.

Wir bieten Ihnen gleich 2 Communities an

- Skool: Beiträge lesen und diskutieren auf der Online-Plattform Skool.
- KI-TALK: Fragen stellen face-to-face im KI-Talk über Zoom.

1. Community: Warum eine Community wie Skool für Unternehmer im KI-Zeitalter unverzichtbar ist

Stellen Sie sich vor, Sie wollen KI in Ihrem Unternehmen einsetzen, um Arbeitsabläufe zu optimieren und Prozesse zu automatisieren - aber Sie wissen nicht, wo Sie anfangen sollen. Genau hier setzt eine Plattform wie **Skool** an: Sie verbindet Unternehmer, die **KI bereits erfolgreich nutzen**, mit denen, die es lernen wollen.

Während andere noch allein nach Lösungen suchen, sind Sie bereits Teil einer **Community**, die **Erfahrungen teilt, Herausforderungen gemeinsam löst und neueste Tools** vorstellt.

„Brauchen wir wirklich eine Unternehmer-Community?“, fragen Sie sich vielleicht. Doch der wahre Vorteil ist: **Skool liefert Antworten, bevor Sie die Fragen stellen.**

Vorteile der Skool-Plattform für Unternehmer

- **Wissensaustausch in Echtzeit**: Lernen Sie von anderen Unternehmern, wie sie KI in Lagerverwaltung, Personalplanung oder Kundenmanagement einsetzen - und was Sie sofort übernehmen können.

- **Netzwerk aufbauen**: Finden Sie Geschäftspartner, Experten und Gleichgesinnte, die Sie bei der Umsetzung Ihrer KI-Projekte unterstützen - egal, ob im Handwerk, Handel oder in der Produktion.

- **Immer aktuell bleiben**: Die regelmäßigen Diskussionen und Best Practices in der Skool-Community halten Sie am

Puls der Zeit. Während andere Trends verpassen, optimieren Sie bereits Ihre Abläufe mit den neuesten KI-Tools.

Das Praxisbeispiel aus der Skool-Community: Der KI-Durchbruch bei der Hoffmann & Schmidt GmbH

Die bereits bekannte **Hoffmann & Schmidt GmbH**, ein familiengeführter Automobilzulieferer aus Stuttgart, stand vor typischen Herausforderungen, die viele Unternehmer kennen:

- **Lieferengpässe und ineffiziente Abläufe**, die den Betrieb bremsten,
- **hoher Verwaltungsaufwand**, der wertvolle Ressourcen band,
- **fehlende digitale Prozesse und Schulungen**, die den Einsatz moderner Technologien verhinderten.

Durch den Austausch in der **Skool-Community** entdeckten Markus Schmidt und Laura Hoffmann, wie andere Unternehmen **KI-gestützte Arbeitsplätze** erfolgreich eingeführt haben. Mit dieser Unterstützung:

- **automatisierten sie ihre Workflows**, was den Verwaltungsaufwand drastisch senkte,
- **optimierten sie ihre Personalplanung** mithilfe datenbasierter Analysen, um Engpässe zu vermeiden,
- **setzten sie KI im Kundenservice ein**, um Reaktionszeiten zu verkürzen und die Kundenzufriedenheit zu steigern.

Das Ergebnis?

Effizientere Prozesse, **schnellere Entscheidungen** und ein Unternehmen, das jetzt mit **digitalen Lösungen** zukunftssicher aufgestellt ist.

Heute sagt Markus Schmidt: *„Ohne den Austausch in der Skool-Community hätten wir den Einsatz von KI nie so erfolgreich umgesetzt. Die Erfahrungen anderer Unternehmer haben uns geholfen, Fehler zu vermeiden und schneller Ergebnisse zu sehen."*

Warum der KI-Talk in Skool mehr ist als nur ein Austausch

In den regelmäßigen **KI-Talks** auf Skool geht es nicht nur um trockene Theorie – es ist der Ort, an dem **echte Unternehmer ihre Erfahrungen** teilen, Fehler offenlegen und **neue Ideen entwickeln.**

„Ich dachte, KI wäre kompliziert und teuer“, sagte eine Unternehmerin aus dem Einzelhandel. *„Aber durch die Skool-Community habe ich gelernt, wie ich mit kleinen Tools starte und Schritt für Schritt automatisiere.“*

Ob Sie gerade erst anfangen oder bereits KI einsetzen – die Skool-Community unterstützt Sie auf jedem Schritt:

- Von der ersten Idee bis zur Umsetzung.
- Von der Automatisierung kleiner Aufgaben bis zur Optimierung ganzer Prozesse.
- Von der ersten Unsicherheit bis zur erfolgreichen Anwendung.

Lassen Sie sich vom **Pilotfall Hoffmann & Schmidt** inspirieren und setzen Sie KI in Ihrem Unternehmen ein – mit der Unterstützung einer Community, die **weiß, wie es geht.**

Wer allein geht, kommt schnell ins Stolpern. Wer mit einer Community wie Skool geht, kommt **schneller und sicherer ans Ziel.**

2. Der KI-Talk: Ihr wöchentlicher Wissensvorsprung

Eine der effektivsten Plattformen zur Weiterentwicklung ist der **KI-Talk**, ein wöchentliches Online-Treffen, das von mir **Prof. Richter** organisiert und moderiert wird.

Was erwartet Sie im KI-Talk?

- **Expertenwissen auf Abruf:** Jeder Montag bringt einen neuen Experten aus der Praxis, der wertvolle Einblicke in die Anwendung von KI in verschiedenen Anwendungsumgebungen bietet.
- **Gezielte Diskussionen:** Prof. Richter sorgt für produktive Diskussionen, die auf Ihre beruflichen Bedürfnisse zugeschnitten sind.

- **Praxisnahe Inhalte:** Ob Best Practices, neue KI-Tools oder die Lösung spezifischer Anwendungsfälle – im KI-Talk steht Ihre berufliche Weiterentwicklung im Fokus.

Vorteile des KI-Talks

1. Wöchentliche Treffen im Online-Format

Die regelmäßigen Treffen schaffen eine Struktur für den kontinuierlichen Wissensaustausch. Jede Woche können Sie Ihre Fragen einbringen, neue Ideen sammeln und von den Erfahrungen anderer profitieren.

2. Schwarmintelligenz nutzen

Durch den Austausch innerhalb der Community profitieren Sie vom gebündelten Wissen aller Mitglieder. Dieser kollaborative Ansatz beschleunigt die Problemlösung und eröffnet neue Perspektiven.

3. Erweiterung Ihres Fachwissens

Bleiben Sie auf dem neuesten Stand in Ihrem Fachgebiet, indem Sie Zugang zu exklusivem Expertenwissen erhalten. Diskutieren Sie über innovative Anwendungen von KI und erfahren Sie, wie andere KI-Nutzer ihre Arbeitsweise optimieren.

4. Wissensmanagement leicht gemacht

Alle Inhalte, Diskussionen und Ergebnisse der wöchentlichen Treffen werden im **Online-Mitgliederbereich auf Skool** dokumentiert. So können Sie jederzeit auf wertvolle Informationen zugreifen, vergangene Diskussionen nachverfolgen und Ihr Wissen kontinuierlich erweitern.

So starten Sie durch

Skool-Plattform und KI-Talk sind nicht nur ein Treffpunkt für Experten, sondern eine moderne Art, um die digitale Transformation in Ihrem Berufsalltag aktiv voranzutreiben.

Starten Sie noch heute und profitieren Sie von einer starken Community, die Ihnen hilft, die Herausforderungen der KI-Integration zu meistern und Ihre berufliche Entwicklung auf ein neues Niveau zu heben.

Ihr Weg zur KI-Exzellenz beginnt hier – werden Sie Teil des KI-Talks und erleben Sie, wie Zusammenarbeit Ihre Möglichkeiten erweitert!

A. Zusammenfassung

Einleitung zum 2. Teil

KI in der Praxis – kurz, knackig, anwendbar

Nachdem Sie im 1. Teil dieses Buches tief in die Welt der Künstlichen Intelligenz eingetaucht sind – von den Grundlagen über Strategien bis hin zur praktischen Nutzung –, folgt nun der 2. Teil: **Praxis, Anwendung, direkte Umsetzung.**

Dieser Abschnitt unterscheidet sich bewusst vom ersten. Statt ausführlicher Erklärungen erwarten Sie hier **kompakte, leicht umsetzbare Einblicke in konkrete Einsatzmöglichkeiten von KI in Unternehmen**. Jedes Kapitel folgt einer **klaren Struktur**, die Ihnen eine schnelle Orientierung bietet und sofort in die Praxis übertragbar ist:

- **Frage:** Ein typisches Problem oder eine Herausforderung aus der Unternehmenswelt.
- **Chatbot-Beschreibung:** Vorstellung eines spezifischen KI-gestützten Assistenten, der genau dieses Problem lösen kann.
- **Kurzantwort:** Eine schnelle, praxisnahe Erklärung, wie KI das Problem angeht.
- **Fallbeispiel:** Ein reales oder hypothetisches Szenario, das die Lösung in der Praxis veranschaulicht.
- **Prompt:** Ein direkt nutzbarer Befehl, den Sie in eine KI wie ChatGPT eingeben können, um sofort einsetzbare Ergebnisse zu erhalten.
- **Tipps:** Praktische Hinweise, um die bestmöglichen Resultate aus der KI-Anwendung zu ziehen.
- **Tricks:** Strategien zur Optimierung der KI-Nutzung für spezifische Geschäftsszenarien.
- **Geheimnis:** Ein wertvoller Insider-Tipp, den Sie sonst nirgendwo so kompakt finden.

- **Probieren Sie es aus!**

Mit dieser kompakten Struktur können Sie gezielt die Themen durchgehen, die für Ihr Unternehmen relevant sind – sei es **Strategisches Management, Marketing, Vertrieb, Personalmanagement oder Finanzplanung.**

Doch Sie sind nicht allein! **Nutzen Sie die Kraft des Schwarms!**

Wenn Sie zu einem bestimmten Thema tiefer einsteigen oder Erfahrungen aus der Praxis anderer Unternehmer und Experten nutzen möchten, stehen Ihnen nicht nur die Inhalte dieses Buches zur Verfügung. **In meiner Community** haben Sie die Möglichkeit, sich mit anderen KI-affinen Unternehmern auszutauschen, Fragen zu stellen und gemeinsam von den gesammelten Erkenntnissen und Best Practices zu profitieren.

Schließen Sie sich der Community an, diskutieren Sie Ihre Herausforderungen und profitieren Sie vom geballten KI-Wissen der Gruppe!

Dieser Abschnitt ist **kein Lehrbuch, sondern Ihr KI-Playbook**: einfach, umsetzbar und genau auf Ihre Bedürfnisse zugeschnitten. Lassen Sie uns also direkt in die Welt der KI-gestützten Unternehmenslösungen eintauchen – und entdecken, wie Sie innerhalb kürzester Zeit echte Mehrwerte generieren können!

B. STRATEGISCHES MANAGEMENT UND ENTSCHEIDUNGSFINDUNG

BELLA Strategie-Begleiterin

Wie unterstützt KI Unternehmer bei der strategischen Planung und Entscheidungsfindung – ohne endlose Meetings, Flipcharts und „Lassen Sie uns das vertagen"-Momente?

KI kann dabei helfen, **klare Ziele zu setzen**, **fundierte Entscheidungen zu treffen** und **strukturierte Maßnahmenpläne zu entwickeln**. Während Sie noch versuchen, die SWOT-Analyse aus dem letzten Strategieworkshop zu finden, hat die KI bereits eine neue erstellt – inklusive Handlungsempfehlungen.

„Brauchen wir wirklich noch eine Analyse?" fragt die KI nie – sie liefert, was Sie brauchen, wann Sie es brauchen.

Sie analysiert **Unternehmensdaten**, bewertet **Risiken** und simuliert **„Was wäre, wenn …"-Szenarien**, damit Sie immer einen Schritt voraus sind. *Aber ein Hinweis: KI kann alles vorbereiten, berechnen und vorschlagen – aber die finale Entscheidung und der Mut, neue Wege zu gehen, liegen bei Ihnen.*

4. Anwendungsfall:

Laura Hoffmann von der Hoffmann & Schmidt GmbH überlegt, in den Markt für nachhaltige Automobilteile einzusteigen. Sie fragt BELLA: *„Wie können wir den Markteintritt strategisch planen und welche Risiken gibt es?"*

BELLA erstellt eine SWOT-Analyse: Stärken (hohe Innovationskraft, bestehende Produktionskapazitäten), Schwächen (begrenztes Budget für Marketing), Chancen (steigende Nachfrage nach nachhaltigen Produkten), Risiken (hoher Wettbewerb, volatile Rohstoffpreise).

Zusätzlich liefert BELLA einen Maßnahmenplan: *„Starten Sie mit einem Pilotprojekt, sichern Sie Fördermittel und bilden Sie ein Innovationsteam."*

Nach 6 Monaten sagt Laura: *„Ohne BELLA hätten wir Wochen für die Analyse gebraucht – jetzt haben wir einen **klaren Plan** und bereits die ersten Aufträge gesichert."*

65. SWOT-Analyse-Prompt

Sie sind BELLA – mein KI-Strategie-Assistent für mittelständische Unternehmen. (**Rolle**)

Analysieren Sie die Expansionsstrategie eines Automobilzulieferers, der in den Markt für nachhaltige Produkte einsteigen möchte. (**Kontext**)

Erstellen Sie eine SWOT-Analyse und entwickeln Sie einen Maßnahmenplan für den Markteintritt. (**Thema**)

Das Unternehmen benötigt eine klare Strategie, um Risiken zu minimieren und Chancen zu nutzen. (**Problem**)

Erarbeiten Sie einen 12-Monats-Plan mit Meilensteinen, Budgetempfehlungen und Schulungsmaßnahmen für das Managementteam. (**Aufgabe**)

Berücksichtigen Sie vorhandene Ressourcen und Markttrends im Bereich Nachhaltigkeit laut den hochgeladenen Dokumenten. (**Spezifische Informationen**)

Formulieren Sie die Lösung als übersichtlichen, leicht verständlichen Maßnahmenplan im professionellen Stil, der für KMU-Geschäftsführer geeignet ist. (**Format, Länge und Stil**)

> Die Zielgruppe sind Geschäftsführer eines mittelständischen Unternehmens, die eine praxisnahe und strategisch fundierte Handlungsempfehlung suchen. (**Zielgruppe**)
>
> Die KI darf nur auf nachweislich aktuelle Markt- und Nachhaltigkeitstrends Bezug nehmen. Prognosen müssen datenbasiert sein und keine spekulativen Annahmen enthalten. Alle Maßnahmen müssen konkret und realistisch umsetzbar sein, insbesondere im Hinblick auf Budget- und Ressourcenverfügbarkeit. Es dürfen keine automatisierten Investitions- oder Expansionsentscheidungen getroffen werden – die KI liefert ausschließlich strategische Empfehlungen. Datenschutz- und Compliance-Richtlinien sind strikt einzuhalten. (**Warnhinweis**)

Tipps: „Strategieentwicklung ist wie ein Schachspiel: Immer 2 Züge vorausdenken – und am besten nicht allein."

Nutze KI, um Szenarien durchzuspielen und Entscheidungen abzusichern.

- Frage: *„Welche Risiken gibt es bei dieser Entscheidung, und wie kann ich sie minimieren?"* – und lass KI dein „digitaler Sparringspartner" sein.

„Strategie ist kein Zufall – es ist die Kunst, vorbereitet zu sein."

- Fragen Sie KI: *„Erstellen Sie eine Liste der größten Risiken für unser Unternehmen im nächsten Jahr und schlagen Sie Maßnahmen zur Risikominimierung vor."* So sind Sie jederzeit handlungsbereit.

Tricks: „Fragen kostet nichts – außer ein paar Sekunden."

- Je präziser dein Prompt, desto treffsicherer KI: *„Erstelle einen Maßnahmenplan für die Markteinführung eines neuen Produkts im B2B-Bereich – mit Fokus auf Kosten, Zeit und Ressourcen."*

Geheimnis: „KI ist mehr als nur ein Rechen-Genie."

Sie liefert nicht nur Analysen, sondern auch kreative Ansätze:

- Fragen Sie sie nach *„unkonventionellen Wachstumsstrategien für KMU in der Produktion"* – und lassen Sie sich überraschen, was sie vorschlägt.

Probieren Sie es aus:

- Stellen Sie KI eine strategische Frage, zum Beispiel: *„Erstelle eine Entscheidungsmatrix für die Auswahl eines neuen Lieferanten – mit Fokus auf Kosten, Qualität und Lieferzeit."*

Nutzen Sie KI als Ihre digitale Assistentin für kluge Entscheidungen – und investieren Sie die gewonnene Zeit in echte Innovationen ... *oder in einen 2. Kaffee.*

QR-Code zum Chatbot BELLA

Drücken Sie die **„Magic Buttons"** des Chatbots, um:

- **Fragen beziehungsweise Anwendungsfälle zu lösen,**
- **Webinare zur Vertiefung des Themas zu starten,**
- **spielerisch das Thema des Chatbots zu durchdringen.**

C. MARKETING UND KOMMUNIKATION

CARO Marketing Starterin

Wie unterstützt KI Unternehmen dabei, erfolgreiche Marketingstrategien zu entwickeln – ohne teure Agenturen, lange Meetings und die berüchtigten „Wir brauchen mehr Ideen"-Rufe im Team?

KI hilft Ihnen, **Ihre Zielgruppe präzise zu analysieren**, die passenden **Kanäle auszuwählen** und **kreative Inhalte zu erstellen**, die wirken. Während Ihr Team noch über den perfekten Slogan nachdenkt, hat die KI bereits mehrere Vorschläge geliefert – inklusive der besten Veröffentlichungszeitpunkte.

„Brauchen wir wirklich noch eine Kampagne?" fragt die KI nie – sie liefert, was Sie brauchen, bevor Sie es überhaupt merken.

Sie erstellt **detaillierte Zielgruppenanalysen**, optimiert Ihre **Marketingkanäle** und entwickelt **kampagnentaugliche Inhalte**, die Ihre Kunden begeistern. Aber ein Hinweis: KI kann Ihre **Marketingstrategie perfektionieren** – aber das **authentische Engagement** mit Ihren Kunden bleibt Ihre Aufgabe.

5. Anwendungsfall:

Markus Schmidt, Geschäftsführer der Hoffmann & Schmidt GmbH, möchte eine Marketingkampagne starten, um neue B2B-Kunden in der Automobilzulieferer-Branche zu gewinnen. Er fragt CARO: *„Welche Marketingkanäle eignen sich am besten für unsere Zielgruppe, und wie sollte eine erfolgreiche Kampagne aussehen?"*

CARO analysiert die Daten und empfiehlt **LinkedIn** für Fachartikel und Case Studies sowie **Instagram** für visuelle Einblicke in den Produktionsprozess. Sie schlägt vor: *„Zeigen Sie, wie Ihr Unternehmen **Innovation und Nachhaltigkeit** im Maschinenbau verbindet – nutzen Sie **authentische Einblicke** und gezielte Hashtags."*

Nach 3 Monaten zieht Markus Bilanz: *„Wir haben **30 Prozent mehr Anfragen** erhalten – und das ohne externe Agentur. **CARO** ist unsere **Marketing-Geheimwaffe**."*

66. Social-Media-Kampagnen-Prompt

Sie sind CARO – mein KI-Marketing-Assistent für mittelständische Unternehmen. (**Rolle**)

Analysieren Sie die aktuelle Marketingstrategie eines Unternehmens der Automobilzulieferer-Branche, das neue B2B-Kunden gewinnen möchte. (**Kontext**)

Entwickeln Sie eine Social-Media-Kampagne für LinkedIn und Instagram mit Fokus auf Innovation und Nachhaltigkeit. (**Thema**)

Das Unternehmen hat ein begrenztes Marketingbudget und benötigt eine effektive, kostengünstige Lösung. (**Problem**)

Erstellen Sie eine Liste mit Maßnahmen, Inhalten und Zeitplänen für die nächsten 6 Monate. (**Aufgabe**)

Berücksichtigen Sie aktuelle Marketingtrends im B2B-Bereich und bestehende Social-Media-Präsenzen entsprechend dem hochgeladenen Material. (**Spezifische Informationen**)

Formulieren Sie den Plan als klare, umsetzbare Anleitung im professionellen Stil, verständlich für Geschäftsführer und Marketingverantwortliche in KMU. (**Format, Länge und Stil**)

Die Zielgruppe sind Unternehmer und Führungskräfte mittelständischer Unternehmen, die eine praxistaugliche und effiziente Marketingstrategie benötigen. (**Zielgruppe**)

Die KI darf nur auf nachweislich aktuelle B2B-Marketingtrends und bewährte Strategien Bezug nehmen. Alle Vorschläge müssen budgetfreundlich, realistisch und direkt umsetzbar sein. Es dürfen keine spekulativen Werbeausgaben oder nicht verifizierte Kanäle empfohlen werden. Die Social-Media-Strategie muss DSGVO-konform sein, Datenschutzrichtlinien einhalten und sich an die Plattformrichtlinien von LinkedIn und Instagram anpassen. (**Warnhinweis**)

Tipp: „Gutes Marketing ist wie ein gutes Gespräch – relevant, authentisch und zielgerichtet."

- Nutzen Sie KI, um Ihre Zielgruppe besser zu verstehen. Fragen Sie: *„Welche Themen interessieren meine Kunden am meisten, und wie kann ich sie in meinen Kampagnen aufgreifen?“* – und KI liefert Ihnen eine datenbasierte Antwort.

Trick: „Präzision schlägt Kreativität – zumindest am Anfang."

- Je genauer Sie **KI briefen**, desto besser werden die Ergebnisse: *„Erstellen Sie einen **Redaktionsplan für ein B2B-Unternehmen im Maschinenbau** mit Fokus auf **Innovation, Nachhaltigkeit und Kundenprojekte.**“*

Geheimnis: KI ist mehr als nur ein Ideenlieferant."

- Fragen Sie **KI**: *„Analysieren Sie die **Marketingstrategie meiner größten Wettbewerber** und schlagen Sie vor, wie wir uns **differenzieren** können.“* – und entdecken Sie Potenziale, die Sie bisher übersehen haben.

Probieren Sie es aus:

- Fragen Sie **CARO**: *„Entwickeln Sie eine **Marketingkampagne für ein mittelständisches***

Produktionsunternehmen *mit Fokus auf* ***LinkedIn*** *– inklusive* ***Themenideen, Posting-Frequenz und Budgetempfehlungen."***

Nutzen Sie **CARO** als Ihre **digitale Assistentin für effizientes Marketing** – und konzentrieren Sie sich auf das, was wirklich zählt: **Ihre Kunden und Ihr Wachstum**.

QR-Code zum Chatbot CARO

Drücken Sie die **„Magic Buttons"** des Chatbots, um:

- **Fragen beziehungsweise Anwendungsfälle zu lösen,**
- **Webinare zur Vertiefung des Themas zu starten,**
- **spielerisch das Thema des Chatbots zu durchdringen.**

D. VERTRIEB

DAVO – Vertrieb Starter

Wie unterstützt KI Unternehmen dabei, den Vertrieb zu optimieren – ohne endlose Excel-Listen, verpasste Follow-ups und das ewige „Haben wir den Kunden schon kontaktiert?“ im Team?

KI kann den **Vertrieb revolutionieren**, indem sie **Kundenakquise automatisiert**, **Angebote optimiert** und **Verkaufsprozesse effizienter** gestaltet. Während Ihr Vertriebsteam noch nach der letzten Angebotsvorlage sucht, hat die KI bereits eine neue erstellt – individuell zugeschnitten auf den Kunden.

„Brauchen wir wirklich ein weiteres Follow-up?“ fragt die KI nie – sie erinnert, erstellt und optimiert, bevor Sie es bemerken.

Sie übernimmt **wiederkehrende Aufgaben**, unterstützt bei **Preisverhandlungen** und sorgt dafür, dass kein potenzieller Kunde in Vergessenheit gerät. Aber ein Hinweis: KI bietet die perfekte Unterstützung – den persönlichen Kontakt und das Gespür für den Kunden übernehmen Sie.

6. Anwendungsfall:

Laura Hoffmann von der Hoffmann & Schmidt GmbH möchte den Vertriebsprozess effizienter gestalten, um im hart umkämpften Automobilzulieferermarkt wettbewerbsfähig zu bleiben. Sie setzt auf DAVO, einen KI-gestützten Vertriebsassistenten, und fragt: *„Wie können wir den Vertriebsprozess optimieren, sodass mein Team mehr Zeit für den Kundenkontakt hat?“*

DAVO analysiert die bestehenden Abläufe und erkennt: Zeitfresser sind **manuelle Angebotserstellungen, unstrukturierte Follow-ups** und ein **ungenutztes CRM-System**.

Er schlägt vor:

– Einführung automatisierter **Angebotsvorlagen**, die auf Kundendaten basieren.

– Einrichtung eines **KI-gestützten Follow-up-Systems**, das Erinnerungen versendet und den besten Zeitpunkt für eine Kontaktaufnahme berechnet.

– Optimierung des **CRM-Systems** durch automatisierte Datenpflege.

Nach 3 Monaten sagt Laura: *„Mein Vertriebsteam verbringt* ***40 Prozent weniger Zeit*** *mit administrativen Aufgaben und konnte die* ***Abschlussrate um 20 Prozent steigern*** *– DAVO ist für uns unverzichtbar geworden."*

67. Vertriebsoptimierungs-Prompt

Sie sind DAVO – mein KI-Vertriebsassistent für mittelständische Unternehmen. (**Rolle**)

Analysieren Sie den Vertriebsprozess eines Automobilzulieferers, der mit ineffizienten Abläufen und hohem Verwaltungsaufwand zu kämpfen hat. (**Kontext**)

Erstellen Sie eine Strategie zur Optimierung des Vertriebsprozesses mithilfe von KI-Tools. (**Thema**)

Das Unternehmen benötigt Unterstützung bei der Automatisierung von Angeboten, Follow-ups und CRM-Pflege. (**Problem**)

Erarbeiten Sie einen Maßnahmenplan mit konkreten Tools, Zeitschienen und Schulungsempfehlungen für das Vertriebsteam. (**Aufgabe**)

Berücksichtigen Sie die bestehende, in der Anlage beschriebene Vertriebssoftware und die Notwendigkeit, die

Mitarbeitenden schrittweise an die KI-Tools heranzuführen. (**Spezifische Informationen**)

Formulieren Sie den Plan als strukturierte, leicht verständliche Anleitung im professionellen Stil, geeignet für Geschäftsführer und Vertriebsleiter in KMU. (**Format, Länge und Stil**)

Die Zielgruppe sind Führungskräfte und Vertriebsteams mittelständischer Unternehmen, die eine praxisnahe und direkt umsetzbare Lösung suchen. (**Zielgruppe**)

Die KI darf nur auf bewährte und aktuell verfügbare Vertriebs- und Automatisierungstools Bezug nehmen. Alle Empfehlungen müssen realistisch, DSGVO-konform und kompatibel mit bestehenden CRM-Systemen sein. Es dürfen keine spekulativen Prognosen oder ungetesteten Technologien vorgeschlagen werden. Die vorgeschlagenen Maßnahmen müssen sich schrittweise umsetzen lassen, um eine hohe Akzeptanz im Vertriebsteam zu gewährleisten. Datenschutz- und Compliance-Vorgaben sind strikt einzuhalten. (**Warnhinweis**)

Tipp: „Vertrieb ist wie ein gutes Gespräch – es geht um Vertrauen, Timing und Relevanz."

- Fragen Sie die KI: *„Wann ist der beste Zeitpunkt, um potenzielle Kunden in der Automobilbranche zu kontaktieren, und welche Argumente sind für sie entscheidend?"* – und erhalten Sie eine **datenbasierte Antwort**.

Trick: „Präzise Eingaben bringen präzise Ergebnisse."

- Je detaillierter Ihr Briefing, desto besser unterstützt Sie die KI: *„Erstellen Sie eine **E-Mail-Vorlage für die Kaltakquise** eines B2B-Kunden in der Automobilzulieferer-Branche mit Fokus auf Nachhaltigkeit und Innovationskraft."*

Geheimnis: „KI ist mehr als ein Tool – sie ist Ihr digitaler Vertriebscoach."

- Bitten Sie um **Optimierungsvorschläge**: *„Analysieren Sie unsere* ***Vertriebsstrategie*** *und schlagen Sie 3 Maßnahmen vor, um die* ***Abschlussquote zu erhöhen."***

Probieren Sie es aus:

- Fragen Sie: *„Erstellen Sie einen* ***Vertriebsleitfaden für ein mittelständisches Unternehmen,*** *das nachhaltige Automobilteile vertreibt – mit Fokus auf* ***Kundenakquise, Angebotserstellung und Follow-up."***

Nutzen Sie **DAVO** als Ihren **digitalen Vertriebsassistenten** – und konzentrieren Sie sich auf das, was zählt: **Ihre Kunden und Ihren Umsatz**.

QR-Code zum Chatbot DAVO

Drücken Sie die **„Magic Buttons"** des Chatbots, um:

- **Fragen beziehungsweise Anwendungsfälle zu lösen,**
- **Webinare zur Vertiefung des Themas zu starten,**
- **spielerisch das Thema des Chatbots zu durchdringen.**

E. PERSONAL-MANAGEMENT (HR)

ELLA Personal Starterin

Wie unterstützt KI Unternehmen im Personalmanagement – ohne überfüllte Bewerbungsordner, unstrukturierte Einarbeitungspläne und die ständige Frage: „Wann haben wir das letzte Mitarbeitergespräch geführt?"

KI kann den gesamten **HR-Prozess optimieren** – von der **Erstellung präziser Stellenbeschreibungen** über die **Planung strukturierter Onboarding-Prozesse** bis hin zur **Mitarbeiterentwicklung und -bindung.** Während Ihr HR-Team noch nach der letzten Stellenanzeige sucht, hat die KI bereits eine neue geschrieben – maßgeschneidert und zielgruppenorientiert.

„Gibt es eine bessere Frage für dieses Bewerbungsgespräch?" fragt die KI nie – sie schlägt sie einfach vor.

Sie hilft, **Top-Talente zu gewinnen, effiziente Onboarding-Pläne zu entwickeln** und **Mitarbeitergespräche vorzubereiten,** die motivieren und fördern. Aber ein Hinweis: KI kann Prozesse optimieren – aber die Wertschätzung und Führung Ihres Teams bleiben Ihre Aufgabe.

7. Anwendungsfall:

Laura Hoffmann von der Hoffmann & Schmidt GmbH möchte den Recruiting-Prozess modernisieren, um die besten Fachkräfte im Automobilzulieferer-Markt zu gewinnen. Sie nutzt ELLA, eine KI-gestützte HR-Assistentin, und fragt: *„Wie können wir Stellenanzeigen erstellen, die die richtigen Talente ansprechen, und gleichzeitig den Onboarding-Prozess verbessern?"*

ELLA analysiert die aktuellen HR-Prozesse und schlägt vor:

– **Erstellung kreativer Stellenanzeigen**, die klar und ansprechend sind.

– **Automatisierte Filterung von Bewerbungen**, um passende Kandidaten schneller zu identifizieren.

– **Entwicklung eines Onboarding-Plans**, der neue Mitarbeiter strukturiert einarbeitet und motiviert.

Nach 6 Monaten sagt Laura: *„Unser Bewerbungsprozess ist jetzt* ***50 Prozent effizienter****, und neue Mitarbeiter sind* ***schneller produktiv*** *–* ***ELLA*** *ist für uns unverzichtbar geworden."*

68. HR-Optimierungs-Prompt

Sie sind ELLA – meine KI-HR-Assistentin für mittelständische Unternehmen. (**Rolle**)

Analysieren Sie die Recruiting- und Onboarding-Prozesse eines Automobilzulieferers, der Fachkräfte im technischen Bereich gewinnen möchte. (**Kontext**)

Erstellen Sie eine Strategie zur Optimierung der HR-Prozesse mithilfe von KI-Tools. (**Thema**)

Das Unternehmen benötigt Unterstützung bei der Erstellung ansprechender Stellenanzeigen, der Bewerberauswahl und der Onboarding-Planung. (**Problem**)

Erarbeiten Sie einen Maßnahmenplan mit Tools, Zeitplänen und Schulungsempfehlungen für das HR-Team. (**Aufgabe**)

Berücksichtigen Sie die bestehende HR-Software laut dem hochgeladenem Material und die Branchenanforderungen im Automobilsektor. (**Spezifische Informationen**)

Formulieren Sie den Plan als strukturierte, leicht verständliche Anleitung im professionellen Stil, geeignet für Geschäftsführer und HR-Manager in KMU. (**Format, Länge und Stil**)

Die Zielgruppe sind Führungskräfte und HR-Teams mittelständischer Unternehmen, die eine praxisnahe und direkt umsetzbare Lösung suchen. (**Zielgruppe**)

Die KI darf nur auf aktuelle, bewährte und DSGVO-konforme HR-Technologien Bezug nehmen. Alle Vorschläge müssen realistisch umsetzbar sein, datenschutzrechtliche Bestimmungen einhalten und mit bestehenden HR-Softwarelösungen kompatibel sein. Automatisierte Entscheidungen bei der Bewerberauswahl sind unzulässig – die KI darf lediglich datenbasierte Empfehlungen liefern. Diskriminierungsfreie Formulierungen sind zwingend zu beachten, und alle Maßnahmen müssen den spezifischen Anforderungen der Automobilbranche gerecht werden. (**Warnhinweis**)

Tipp: „Erfolgreiches Recruiting ist wie ein gutes Netzwerk – es braucht klare Botschaften, passende Kanäle und schnelle Reaktionen."

- Fragen Sie die KI: *„Welche Jobportale und Plattformen eignen sich am besten, um Fachkräfte im Automobilbereich zu finden?"* – und erhalten Sie eine **präzise Empfehlung**.

Trick: „Detaillierte Eingaben sparen wertvolle Zeit."

- Bitten Sie die KI: *„Erstellen Sie eine* ***Stellenanzeige für einen Produktionsleiter*** *in einem mittelständischen Automobilzulieferer – mit Fokus auf Innovation und Nachhaltigkeit."*

Geheimnis: „KI ist mehr als ein Helfer – sie ist Ihr HR-Coach."

- Fragen Sie: *„Schlagen Sie Maßnahmen zur* ***Mitarbeiterbindung*** *vor, die in einem mittelständischen Produktionsunternehmen realisierbar sind."* – und entdecken Sie neue Ideen.

Probieren Sie es aus:

- Fragen Sie: *„Erstellen Sie einen **Onboarding-Plan für einen Ingenieur** in einem mittelständischen Unternehmen – mit Fokus auf **schneller Integration und nachhaltiger Motivation.“***

Nutzen Sie **ELLA** als Ihre **digitale HR-Assistentin** – und investieren Sie mehr Zeit in das, was zählt: **Ihre Mitarbeiter und Ihr Unternehmenswachstum**.

QR-Code zum Chatbot ELLA

Drücken Sie die **„Magic Buttons“** des Chatbots, um:

- **Fragen beziehungsweise Anwendungsfälle zu lösen,**
- **Webinare zur Vertiefung des Themas zu starten,**
- **spielerisch das Thema des Chatbots zu durchdringen.**

F. FORSCHUNG UND ENTWICKLUNG (F&E)

FION F&E Starter

Wie unterstützt KI Unternehmen bei der Forschung und Entwicklung – ohne langwierige Brainstorming-Sitzungen, überfüllte Literaturdatenbanken und die ständige Frage: „Haben wir wirklich alle Marktchancen berücksichtigt?"

KI kann den **Innovationsprozess beschleunigen**, indem sie **Hypothesen entwickelt**, **Forschungsfragen präzisiert** und **Marktanalysen durchführt**, die fundierte Entscheidungen ermöglichen. Während Ihr F&E-Team noch nach den neuesten Fachartikeln sucht, hat die KI bereits eine Liste erstellt – vollständig mit Quellenangaben und Relevanzbewertung.

„Gibt es noch eine bessere Hypothese?" fragt die KI nie – sie entwickelt sie einfach.

Sie hilft, **Produktideen zu analysieren**, **Marktpotenziale zu identifizieren** und **rechtliche Hürden zu überwinden.**

Aber ein Hinweis: KI kann den Weg ebnen – aber die kreative Vision und das unternehmerische Gespür bleiben bei Ihnen.

8. Anwendungsfall:

Markus Schmidt von der Hoffmann & Schmidt GmbH möchte ein neues Produkt für den E-Mobilitätsmarkt entwickeln. Er nutzt FION, einen KI-gestützten F&E-Assistenten, und fragt: *„Wie können wir eine innovative Batterielösung entwickeln, die sich im Markt abhebt, und welche rechtlichen Aspekte müssen wir beachten?"*

FION analysiert den Markt, identifiziert **aktuelle Trends** und schlägt vor:

- Entwicklung eines **Hypothesenmodells**, das auf neuen Materialien für Batteriezellen basiert.

- Durchführung einer **Wettbewerbsanalyse**, die bestehende Produkte und deren Schwächen aufzeigt.

- Unterstützung bei der **Patentanmeldung** und Prüfung von **Datenschutzrichtlinien** im Entwicklungsprozess.

Nach 12 Monaten sagt Markus: *„Unser Produkt ist nicht nur **innovativer**, sondern auch **rechtlich abgesichert** – ohne **FION*** wäre das kaum in dieser Zeit machbar gewesen."

69. F&E-Optimierungs-Prompt

Sie sind FION – mein KI-F&E-Assistent für mittelständische Unternehmen. (**Rolle**)

Analysieren Sie den Innovationsprozess eines Automobilzulieferers, der ein neues Produkt im E-Mobilitätsbereich entwickeln möchte. (**Kontext**)

Erstellen Sie eine Liste von Hypothesen, Forschungsfragen und Marktanalysen, um den Entwicklungsprozess zu unterstützen. (**Thema**)

Das Unternehmen benötigt Unterstützung bei der Recherche, Wettbewerbsanalyse und rechtlichen Absicherung. (**Problem**)

Erarbeiten Sie einen Forschungs- und Entwicklungsplan mit Quellenangaben, Tools und rechtlichen Empfehlungen. (**Aufgabe**)

Berücksichtigen Sie die aktuellen Trends im E-Mobilitätsmarkt und die notwendigen rechtlichen Standards. (**Spezifische Informationen**)

Formulieren Sie den Plan als strukturierte, leicht verständliche Anleitung im professionellen Stil, geeignet für

> Innovationsmanager und F&E-Teams in KMU. (**Format, Länge und Stil**)
>
> Die Zielgruppe sind F&E-Leiter und Innovationsmanager mittelständischer Unternehmen, die eine praxisnahe und direkt umsetzbare Lösung suchen. (**Zielgruppe**)
>
> Die KI darf ausschließlich auf aktuelle, verlässliche Marktdaten, wissenschaftliche Erkenntnisse und etablierte rechtliche Rahmenbedingungen Bezug nehmen. Alle Empfehlungen müssen realistisch, praxisnah und wirtschaftlich umsetzbar sein. Spekulative Annahmen ohne Datenbasis sind nicht zulässig. Rechtliche Hinweise müssen auf bestehende Normen und Vorschriften der E-Mobilitätsbranche abgestimmt sein. Datenschutz- und Compliance-Richtlinien sind strikt einzuhalten. (**Warnhinweis**)

Tipp: „Innovationen sind wie gute Ideen – sie brauchen Struktur, Ressourcen und den richtigen Zeitpunkt."

- Fragen Sie die KI: *„Welche Materialien und Technologien sind aktuell vielversprechend für nachhaltige Batterielösungen?"* – und erhalten Sie eine **fundierte Recherche**.

Trick: „Detaillierte Fragen bringen präzise Antworten."

- Bitten Sie die KI: *„Erstellen Sie eine **Marktanalyse für Batterielösungen im E-Mobilitätssektor** – mit Fokus auf Wettbewerber, Marktpotenziale und rechtliche Anforderungen."*

Geheimnis: „KI ist mehr als ein Recherche-Tool – sie ist Ihr Innovationsbeschleuniger."

- Fragen Sie: *„Schlagen Sie 3 **innovative Produktideen** für einen Automobilzulieferer vor, der im Bereich **E-Mobilität** wachsen möchte."* – und entdecken Sie neue Chancen.

Probieren Sie es aus:

- Fragen Sie: *„Erstellen Sie einen **Forschungsplan für ein neues Produkt** im Bereich E-Mobilität – inklusive **Hypothesen, Forschungsfragen und rechtlichen Aspekten.“***

Nutzen Sie **FION** als Ihren **digitalen Innovationsassistenten** – und bringen Sie Ihre Ideen schneller und sicherer auf den Markt.

QR-Code zum Chatbot FION

Drücken Sie die **„Magic Buttons“** des Chatbots, um:

- **Fragen beziehungsweise Anwendungsfälle zu lösen,**
- **Webinare zur Vertiefung des Themas zu starten,**
- **spielerisch das Thema des Chatbots zu durchdringen.**

G. WISSENSMANAGEMENT

GABI – Wissensmanagement Starterin

Wie unterstützt KI Unternehmen beim Wissensmanagement – ohne chaotische Ordnerstrukturen, veraltete Dokumente und die gefürchtete Frage: „Wo finde ich das noch mal?"

KI kann helfen, **internes Wissen zu strukturieren**, **Lernprozesse zu optimieren** und **Wissensressourcen nachhaltig zu sichern**. Während Ihr Team noch nach dem neuesten Handbuch sucht, hat die KI bereits ein **Lehrmaterial mit praktischen Übungen** erstellt – perfekt auf Ihr Unternehmen zugeschnitten.

„Müssen wir ein Wissensupdate erstellen?" fragt die KI nie – sie liefert es, bevor Sie danach fragen.

Sie unterstützt bei der **Erstellung von Lernplänen**, der **Vorbereitung von Schulungen** und der **Rechtssicherheit im Wissensmanagement**.

Aber ein Hinweis: KI kann die Struktur liefern – aber die Vermittlung und Unternehmenskultur bleiben bei Ihnen.

9. Anwendungsfall:

Laura Hoffmann von der Hoffmann & Schmidt GmbH möchte ein digitales Wissensmanagementsystem einführen, um die Schulung neuer Mitarbeitender zu verbessern. Sie nutzt GABI, eine KI-gestützte Wissensmanagement-Assistentin, und fragt: *„Wie können wir unser internes Wissen strukturieren und für alle leicht zugänglich machen?"*

GABI analysiert den aktuellen Wissensstand und schlägt vor:

- **Erstellung eines digitalen Lehrplans** mit Modulen für alle Abteilungen.
- **Entwicklung interaktiver Schulungsmaterialien**, inklusive Präsentationen und Quizze.
- **Sicherung von Datenschutz und Urheberrechten** in allen Wissensdatenbanken.

Nach einem Jahr sagt Laura: *„Unsere Mitarbeitenden sind **30 Prozent schneller eingearbeitet**, und unser Wissen ist **immer aktuell** – **GABI** macht es möglich."*

70. Wissensmanagement-Prompt

Sie sind GABI – mein KI-Wissensmanagement-Assistent für mittelständische Unternehmen. (**Rolle**)

Analysieren Sie das Wissensmanagement eines Automobilzulieferers, der ein digitales Schulungssystem für neue Mitarbeitende einführen möchte. (**Kontext**)

Erstellen Sie eine Strategie zur Strukturierung und Sicherung von Unternehmenswissen mithilfe von KI-Tools. (**Thema**)

Das Unternehmen benötigt Unterstützung bei der Erstellung von Lernplänen, Schulungsmaterialien und Datenschutzrichtlinien. (**Problem**)

Erarbeiten Sie einen Maßnahmenplan mit konkreten Tools, Zeitrahmen und rechtlichen Empfehlungen für das HR- und IT-Team. (**Aufgabe**)

Berücksichtigen Sie die laut Anlage bestehenden Wissensressourcen und die Notwendigkeit eines einfachen Zugriffs für alle Mitarbeitenden. (**Spezifische Informationen**)

Formulieren Sie den Plan als strukturierte, leicht verständliche Anleitung im professionellen Stil, geeignet für

Geschäftsführer, HR- und IT-Manager in KMU. (**Format, Länge und Stil**)

Die Zielgruppe sind Führungskräfte und Teams in mittelständischen Unternehmen, die eine praxisnahe und effiziente Lösung für Wissensmanagement suchen. (**Zielgruppe**)

Die KI darf nur auf DSGVO-konforme Wissensmanagement-Methoden und bewährte digitale Schulungssysteme Bezug nehmen. Datenschutz- und Sicherheitsrichtlinien müssen strikt eingehalten werden. Die vorgeschlagenen Lösungen müssen benutzerfreundlich, skalierbar und mit bestehenden IT-Systemen kompatibel sein. Automatisierte Entscheidungen über Schulungsinhalte oder Lernverläufe sind unzulässig – die KI darf lediglich Empfehlungen liefern. (**Warnhinweis**)

Tipp: „Wissen ist der Schlüssel – aber nur, wenn man ihn findet."

- Fragen Sie die KI: *„Wie können wir unser bestehendes Unternehmenswissen effizient in ein digitales Lernsystem überführen?"* – und erhalten Sie eine **klare Schritt-für-Schritt-Anleitung**.

Trick: „Ein strukturierter Lernplan spart Zeit und Nerven."

- Bitten Sie die KI: *„Erstellen Sie einen* ***digitalen Lehrplan für ein Produktionsunternehmen*** *– mit Lernzielen, Übungen und Prüfungsfragen."*

Geheimnis: „KI ist mehr als ein Archiv – sie ist Ihr Wissenstrainer."

- Fragen Sie: *„Entwickeln Sie eine* ***Gamification-Strategie*** *für unser internes Schulungssystem, um Motivation und Lernfortschritt zu fördern."* – und erleben Sie, wie Lernen Spaß machen kann.

Probieren Sie es aus:

- Fragen Sie: „*Erstellen Sie ein* ***Wissensmanagementkonzep****t für ein mittelständisches Unternehmen – inklusive* ***Lernmaterialien, Schulungsplänen und Datenschutzrichtlinien.***“

Nutzen Sie **GABI** als Ihre **digitale Wissensmanagement-Assistentin** – und sorgen Sie dafür, dass **Wissen jederzeit abrufbar** ist und Ihr Team **stets auf dem neuesten Stand** bleibt.

QR-Code zum Chatbot GABI

Drücken Sie die **„Magic Buttons“** des Chatbots, um:

- **Fragen beziehungsweise Anwendungsfälle zu lösen,**
- **Webinare zur Vertiefung des Themas zu starten,**
- **spielerisch das Thema des Chatbots zu durchdringen.**

H. FINANZEN UND CONTROLLING

HANS – Finanzen- und Controlling Starter

Wie unterstützt KI Unternehmen im Finanz- und Controlling-Bereich – ohne endlose Excel-Tabellen, verpasste Abgabetermine und die Frage: „Haben wir an alles gedacht?"

KI kann **Finanzprozesse automatisieren**, **Budgetpläne erstellen** und **Kennzahlen analysieren**, damit Sie jederzeit den Überblick behalten. Während Ihr Team noch Belege sortiert, hat die KI bereits einen **Liquiditätsplan mit Handlungsempfehlungen** erstellt.

„Brauchen wir ein neues Finanz-Reporting?" fragt die KI nie – sie liefert es, bevor Sie danach fragen.

Sie hilft, **Budgetierungen zu optimieren**, **Forecasts zu erstellen** und **rechtliche Vorgaben einzuhalten**. Aber ein Hinweis: KI kann Zahlen liefern – die strategische Interpretation bleibt bei Ihnen.

10. Anwendungsfall:

Markus Schmidt von der Hoffmann & Schmidt GmbH möchte die Finanzplanung digitalisieren, um jederzeit eine aktuelle Übersicht über Kosten, Einnahmen und Budgets zu haben. Er setzt auf HANS, einen KI-gestützten Finanz-Assistenten, und fragt: *„Wie können wir unsere Finanzplanung automatisieren und gleichzeitig rechtliche Anforderungen im Blick behalten?"*

HANS analysiert die Finanzdaten und schlägt vor:
- **Automatisierte Budgetplanung**, die historische Daten und aktuelle Trends berücksichtigt.
- **Erstellung eines Liquiditätsplans**, der mögliche Engpässe frühzeitig erkennt.
- **Integration rechtlicher Anforderungen** in alle Finanzprozesse, um Compliance sicherzustellen.

Nach einem Quartal sagt Markus: *„Unser Finanzmanagement ist jetzt* ***30 Prozent effizienter****, und wir haben* ***immer aktuelle Zahlen*** *–* ***HANS*** *war die richtige Entscheidung."*

71. Finanzmanagement-Prompt

Sie sind HANS – mein KI-Finanzassistent für mittelständische Unternehmen. (**Rolle**)

Analysieren Sie die Finanz- und Controlling-Prozesse eines Automobilzulieferers, der eine automatisierte Budget- und Liquiditätsplanung einführen möchte. (**Kontext**)

Erstellen Sie eine Strategie zur Optimierung der Finanzprozesse mithilfe von KI-Tools. (**Thema**)

Das Unternehmen benötigt Unterstützung bei der Budgetierung, Liquiditätsplanung und Einhaltung rechtlicher Vorgaben. (**Problem**)

Erarbeiten Sie einen Maßnahmenplan mit Tools, Zeitplänen und rechtlichen Empfehlungen für das Finanzteam. (**Aufgabe**)

Berücksichtigen Sie die laut Anlage bestehenden Finanzsysteme und die Notwendigkeit regelmäßiger Reports. (**Spezifische Informationen**)

Formulieren Sie den Plan als strukturierte, leicht verständliche Anleitung im professionellen Stil, geeignet für Geschäftsführer und Finanzmanager in KMU. (**Format, Länge und Stil**)

Die Zielgruppe sind Führungskräfte und Finanzteams mittelständischer Unternehmen, die eine praxisnahe und effiziente Lösung fürs Finanzmanagement suchen. (**Zielgruppe**)

Die KI darf nur auf etablierte, DSGVO-konforme Finanz- und Controlling-Tools Bezug nehmen. Alle Empfehlungen müssen rechtskonform und mit bestehenden Buchhaltungs- und ERP-Systemen kompatibel sein. Automatisierte Finanzprognosen müssen auf aktuellen und validierten Daten basieren, spekulative Aussagen oder risikobehaftete Investitionsempfehlungen sind unzulässig. Die KI darf keine rechtsverbindlichen Finanzentscheidungen treffen, sondern nur datenbasierte Analysen und Optimierungsvorschläge liefern. (**Warnhinweis**)

Tipp: „Finanzen sind das Herzstück eines Unternehmens – aber nur, wenn sie gut organisiert sind."

- Fragen Sie die KI: *„Wie können wir unsere monatliche Finanzplanung automatisieren und gleichzeitig rechtliche Vorgaben einhalten?"* – und erhalten Sie eine **Schritt-für-Schritt-Anleitung**.

Trick: „Ein guter Finanzplan erspart böse Überraschungen."

- Bitten Sie die KI: *„Erstellen Sie einen* ***Jahresbudgetplan für ein mittelständisches Produktionsunternehmen*** *– inklusive Kostenprognosen und Sparpotenzialen."*

Geheimnis: „KI ist mehr als ein Taschenrechner – sie ist Ihr Finanzcoach."

- Fragen Sie: *„Entwickeln Sie eine* ***Strategie zur Liquiditätssicherung*** *für ein mittelständisches Unternehmen mit saisonalem Geschäft."* – und erhalten Sie Lösungen, die Ihnen Sicherheit geben.

Probieren Sie es aus:

- Fragen Sie: *„Erstellen Sie ein* ***Finanzcontrolling-Konzept*** *für ein mittelständisches Unternehmen –*

*inklusive **Budgetplanung, Liquiditätsmanagement und Compliance-Checklisten.“***

Nutzen Sie **HANS** als Ihren **digitalen Finanzassistenten** – und behalten Sie jederzeit die Kontrolle über **Ihre Finanzen und Budgets**.

QR-Code zum Chatbot HANS

Drücken Sie die **„Magic Buttons“** des Chatbots, um:

- **Fragen beziehungsweise Anwendungsfälle zu lösen,**
- **Webinare zur Vertiefung des Themas zu starten,**
- **spielerisch das Thema des Chatbots zu durchdringen.**

I. KUNDEN-SERVICE

ILKA Kunden-Service Starterin

Wie unterstützt KI Unternehmen im Kundenservice – ohne übervolle Posteingänge, standardisierte Antworten und die Frage: „Haben wir diesen Kunden schon bearbeitet?"

KI kann **Kundenanfragen automatisieren, Einwände professionell behandeln** und **Support-Prozesse optimieren**, damit Ihr Team sich auf das Wesentliche konzentrieren kann. Während Ihr Serviceteam noch die richtige Antwort sucht, hat die KI bereits eine **personalisierte Antwort mit Lösungsvorschlägen** erstellt.

„Brauchen wir eine bessere Antwortstrategie?" fragt die KI nie – sie liefert sie, bevor Sie fragen.

Sie unterstützt bei der **Erstellung von Support-Antworten**, der **Integration in Ticket-Systeme** und der **Rechtssicherheit im Kundenkontakt**.

Aber ein Hinweis: KI kann die Kommunikation verbessern – aber das Vertrauen und die Beziehung zu Ihren Kunden bauen Sie auf.

11. Anwendungsfall:

Laura Hoffmann von der Hoffmann & Schmidt GmbH möchte den Kundenservice verbessern, um Anfragen schneller und professioneller zu beantworten. Sie nutzt ILKA, eine KI-gestützte Kundenservice-Assistentin, und fragt: *„Wie können wir Anfragen effizienter bearbeiten und gleichzeitig die Kundenzufriedenheit erhöhen?"*

ILKA analysiert die aktuellen Support-Prozesse und schlägt vor:

- **Automatisierte Antwortvorschläge**, die auf früheren Anfragen basieren.
- **Erstellung eines FAQ-Moduls**, um wiederkehrende Fragen vorab zu beantworten.
- **Integration eines Ticket-Systems**, um Anfragen zu priorisieren und nachzuverfolgen.

Nach 6 Monaten sagt Laura: *„Unsere Reaktionszeit hat sich um **50 Prozent verbessert**, und die **Kundenzufriedenheit** ist deutlich gestiegen – **ILKA** macht den Unterschied."*

72. Kundenservice-Prompt

Sie sind ILKA – meine KI-Kundenservice-Assistentin für mittelständische Unternehmen. (**Rolle**)

Analysieren Sie die Kundenservice-Prozesse eines Automobilzulieferers, der eine effiziente Bearbeitung von Anfragen und Einwänden einführen möchte. (**Kontext**)

Erstellen Sie eine Strategie zur Optimierung des Kundenservice mithilfe von KI-Tools. (**Thema**)

Das Unternehmen benötigt Unterstützung bei der Automatisierung von Antworten, der Erstellung von FAQ-Listen und der Integration eines Ticket-Systems. (**Problem**)

Erarbeiten Sie einen Maßnahmenplan mit Tools, Zeitrahmen und rechtlichen Empfehlungen für das Serviceteam. (**Aufgabe**)

Berücksichtigen Sie die laut Anlage bestehende Kommunikationssoftware und die Notwendigkeit einer freundlichen, professionellen Kundenansprache. (**Spezifische Informationen**)

Formulieren Sie den Plan als strukturierte, leicht verständliche Anleitung im professionellen Stil, geeignet für

Geschäftsführer und Kundenservicemanager in KMU. (**Format, Länge und Stil**)

Die Zielgruppe sind Führungskräfte und Kundenservice-teams mittelständischer Unternehmen, die eine praxisnahe und effiziente Lösung für den Kundenservice suchen. (**Zielgruppe**)

Die KI darf nur auf etablierte, DSGVO-konforme Kundenservice-Tools und Kommunikationslösungen Bezug nehmen. Alle automatisierten Antworten müssen überprüfbar sein und dürfen keine rechtsverbindlichen Aussagen enthalten. Datenschutzrichtlinien müssen strikt eingehalten werden, insbesondere im Umgang mit personenbezogenen Kundendaten. Die KI darf lediglich unterstützende Empfehlungen für die Serviceoptimierung liefern, jedoch keine endgültigen Entscheidungen über Kundenanfragen treffen. (**Warnhinweis**)

Tipp: „Guter Kundenservice ist wie ein gutes Gespräch – aufmerksam, freundlich und lösungsorientiert."

- Fragen Sie die KI: *„Wie können wir unsere Support-Antworten personalisieren und gleichzeitig effizient bleiben?"* – und erhalten Sie eine klare Strategie.

Trick: „Schnelle Antworten beeindrucken Kunden – aber nur, wenn sie auch hilfreich sind."

- Bitten Sie die KI: *„Erstellen Sie eine FAQ-Liste für ein Produktionsunternehmen, die häufige Kundenfragen abdeckt und regelmäßig aktualisiert wird."*

Geheimnis: „KI ist mehr als ein Auto-Responder – sie ist Ihr Service-Coach."

- Fragen Sie: *„Entwickeln Sie eine Kommunikationsstrategie für unser Kundenserviceteam, um Beschwerden professionell und empathisch zu lösen."* – und stärken Sie Ihr Team.

Probieren Sie es aus:

- Fragen Sie: *„Erstellen Sie ein Kundenservice-Konzept für ein mittelständisches Unternehmen – inklusive Antwortvorlagen, FAQ-Listen und Ticket-Management."*

Nutzen Sie ILKA als Ihre digitale Kundenservice-Assistentin – und sorgen Sie dafür, dass Ihre Kunden nicht nur zufrieden, sondern begeistert sind.

QR-Code zum Chatbot ILKA

Drücken Sie die **„Magic Buttons"** des Chatbots, um:

- **Fragen beziehungsweise Anwendungsfälle zu lösen,**
- **Webinare zur Vertiefung des Themas zu starten,**
- **spielerisch das Thema des Chatbots zu durchdringen.**

J. RECHT, STEUERN UND COMPLIANCE

JONA Recht-, Steuern- & Compliance-Starter

Wie unterstützt KI Unternehmen im Bereich Recht, Steuern und Compliance – ohne unleserliche Vertragsklauseln, vergessene Fristen und die gefürchtete Frage: „Sind wir rechtlich abgesichert?"

KI kann **rechtliche Risiken analysieren**, **Verträge erstellen** und **Compliance-Strukturen optimieren**, damit Sie rechtlich jederzeit auf der sicheren Seite stehen. Während Ihr Team noch den neuesten Gesetzesstand recherchiert, hat die KI bereits einen **vertragssicheren Entwurf mit Risikoanalyse** erstellt.

„Müssen wir das juristisch prüfen?" fragt die KI nie – sie prüft, bevor Sie es bemerken.

Sie unterstützt bei der **Vertragsprüfung**, der **Erstellung von Compliance-Checklisten** und der **Simulation von Rechtsstrategien**.

Aber ein Hinweis: KI kann Sie rechtlich absichern – die finale Verantwortung tragen Sie.

12. Anwendungsfall:

Laura Hoffmann von der Hoffmann & Schmidt GmbH möchte ihre Vertragsprozesse optimieren und gleichzeitig rechtliche Risiken minimieren. Sie setzt auf JONA, eine KI-gestützte Rechts- und Compliance-Assistentin, und fragt: *„Wie können wir Verträge schneller erstellen und gleichzeitig unsere Compliance verbessern?"*

JONA analysiert die bestehenden Prozesse und schlägt vor:

- **Automatisierte Vertragserstellung**, die branchenspezifische Anforderungen berücksichtigt.

- **Entwicklung eines Compliance-Management-Systems** in 10 Schritten.

- **Risikobewertungen** für alle Geschäftsbereiche, um rechtliche Schwachstellen zu erkennen.

Nach einem Jahr sagt Laura: *„Unsere* ***Vertragsabwicklung ist 40 Prozent schneller****, und wir haben* ***keine Compliance-Verstöße*** *mehr –* ***JONA*** *hat unser Team enorm entlastet."*

73. Rechts- und Compliance-Prompt

Sie sind JONA – mein KI-Rechts- und Compliance-Assistent für mittelständische Unternehmen. (**Rolle**)

Analysieren Sie die rechtlichen Prozesse eines Automobilzulieferers, der Vertragsmanagement und Compliance optimieren möchte. (**Kontext**)

Erstellen Sie eine Strategie zur rechtlichen Absicherung und Compliance-Optimierung mithilfe von KI-Tools. (**Thema**)

Das Unternehmen benötigt Unterstützung bei der Vertragserstellung, Risikobewertung und Implementierung eines Compliance-Systems. (**Problem**)

Erarbeiten Sie einen Maßnahmenplan mit Tools, Zeitplänen und rechtlichen Empfehlungen für das Rechts- und Managementteam. (**Aufgabe**)

Berücksichtigen Sie die laut Anlage bestehenden Verträge und rechtlichen Vorgaben sowie die Anforderungen der Automobilbranche. (**Spezifische Informationen**)

Formulieren Sie den Plan als strukturierte, leicht verständliche Anleitung im professionellen Stil, geeignet für

Geschäftsführer und Rechtsabteilungen in KMU. (**Format, Länge und Stil**)

Die Zielgruppe sind Führungskräfte und Rechtsabteilungen mittelständischer Unternehmen, die eine praxisnahe und rechtssichere Lösung suchen. (**Zielgruppe**)

Die KI darf ausschließlich auf aktuelle, anerkannte Rechtsnormen und Compliance-Richtlinien Bezug nehmen. Sie darf keine rechtsverbindlichen Aussagen treffen oder individuelle Rechtsberatung ersetzen. Alle Empfehlungen müssen als allgemeine Best Practices formuliert werden und dürfen keine spezifischen rechtlichen Entscheidungen vorschreiben. Datenschutz- und Compliance-Vorgaben sind strikt einzuhalten, insbesondere bei der Verarbeitung sensibler Unternehmens- und Vertragsdaten. (**Warnhinweis**)

Tipp: „Rechtssicherheit ist wie ein Sicherheitsgurt – unbequem, bis man ihn braucht."

- Fragen Sie die KI: *„Wie können wir unsere Verträge standardisieren und rechtlich absichern?"* – und erhalten Sie eine **maßgeschneiderte Lösung**.

Trick: „Ein guter Vertrag schützt beide Seiten – und spart später viel Ärger."

- Bitten Sie die KI: *„Erstellen Sie einen **Mustervertrag für Lieferanten,** der sowohl Flexibilität als auch rechtliche Sicherheit bietet."*

Geheimnis: „KI ist mehr als ein Rechtslexikon – sie ist Ihr Compliance-Coach."

- Fragen Sie: *„Entwickeln Sie eine 10-Schritte-Compliance-Strategie für ein mittelständisches Unternehmen, die regelmäßig überprüft und optimiert wird."* – und bauen Sie ein robustes System auf.

Probieren Sie es aus:

Fragen Sie: *„Erstellen Sie ein Compliance-Konzept für ein mittelständisches Unternehmen – inklusive Checklisten, Vertragserstellung und Risikomanagement."*

Nutzen Sie JONA als Ihren digitale Rechts- und Compliance-Assistenten – und sorgen Sie dafür, dass Ihr Unternehmen jederzeit rechtlich abgesichert und compliant ist.

QR-Code zum Chatbot JONA

Drücken Sie die **„Magic Buttons"** des Chatbots, um:

- **Fragen beziehungsweise Anwendungsfälle zu lösen,**
- **Webinare zur Vertiefung des Themas zu starten,**
- **spielerisch das Thema des Chatbots zu durchdringen.**

K. QUALITÄTSMANAGEMENT IN WERTSCHÖPFUNG UND PRODUKTION

KIRO – QM-Starter

Wie unterstützt KI Unternehmen im Qualitätsmanagement und in der Produktion – ohne unnötige Stillstände, Qualitätsmängel und die ständige Frage: „Wo hakt es in der Produktion?"

KI kann **Qualitätsprozesse optimieren**, **Produktionsabläufe effizienter gestalten** und **Lieferketten nachhaltig überwachen**, sodass Ihr Unternehmen jederzeit reibungslos produziert. Während Ihr Team noch nach dem letzten Auditbericht sucht, hat die KI bereits eine **Checkliste mit Optimierungsvorschlägen** erstellt.

„Brauchen wir ein Update im Qualitätsmanagement?" fragt die KI nie – sie sorgt dafür, dass Ihre Standards stets aktuell sind.

Sie unterstützt bei der **Erstellung von Produktionsplänen**, der **Analyse von Engpässen** und der **Sicherstellung von Lieferketten-Compliance**.

Aber ein Hinweis: KI kann Prozesse überwachen und verbessern – die Verantwortung für Qualität und Effizienz bleibt bei Ihnen.

13. Anwendungsfall:

Laura Hoffmann von der Hoffmann & Schmidt GmbH möchte die Produktionsprozesse optimieren und die Qualitätsstandards auf ein neues Level heben. Sie setzt auf KIRO, einen KI-gestützten Produktions- und Qualitätsmanagement-Assistenten, und fragt: *„Wie können wir unsere Produktionskapazität erhöhen und gleichzeitig unsere Qualitätsstandards sichern?"*

KIRO analysiert die aktuellen Abläufe und schlägt vor:
- **Erstellung eines automatisierten Produktionsplans**, der Nachfrage und Kapazität berücksichtigt.
- **Entwicklung neuer Qualitätsrichtlinien**, die branchenspezifische Standards einhalten.
- **Integration eines Monitoring-Tools**, das die Lieferkette überwacht und potenzielle Risiken erkennt.

Nach 6 Monaten sagt Laura: *„Unsere* ***Produktionskapazität ist um 25 Prozent gestiegen****, und wir haben* ***100 Prozent Compliance*** *im Qualitätsmanagement –* ***KIRO*** *hat uns spürbar verbessert."*

74. Produktions- und QM-Prompt

Sie sind KIRO – mein KI-Assistent für Qualitätsmanagement und Produktion in mittelständischen Unternehmen. (**Rolle**)

Analysieren Sie die Produktions- und Qualitätsprozesse eines Automobilzulieferers, der seine Effizienz steigern und Qualitätsstandards verbessern möchte. (**Kontext**)

Erstellen Sie eine Strategie zur Optimierung der Produktionsplanung und Qualitätskontrolle mithilfe von KI-Tools. (**Thema**)

Das Unternehmen benötigt Unterstützung bei der Automatisierung der Produktionsprozesse, der Analyse von Engpässen und der Einhaltung des Lieferkettengesetzes. (**Problem**)

Erarbeiten Sie einen Maßnahmenplan mit Tools, Zeitplänen und Empfehlungen für das Produktions- und QM-Team. (**Aufgabe**)

Berücksichtigen Sie die laut Anlage bestehenden Produktionssysteme und die Anforderungen der Automobilbranche an Qualität und Nachhaltigkeit. (**Spezifische Informationen**)

Formulieren Sie den Plan als strukturierte, leicht verständliche Anleitung im professionellen Stil, geeignet für Geschäftsführer, Produktionsleiter und QM-Manager in KMU. (**Format, Länge und Stil**)

Die Zielgruppe sind Führungskräfte und Teams mittelständischer Produktionsunternehmen, die eine praxisnahe und effiziente Lösung für ihre Produktions- und Qualitätsprozesse suchen. (**Zielgruppe**)

Die KI darf nur auf anerkannte Produktions- und QM-Standards sowie DSGVO-konforme Automatisierungslösungen Bezug nehmen. Alle Vorschläge müssen realistisch umsetzbar sein und sich nahtlos in bestehende Produktionssysteme integrieren lassen. Die KI darf keine eigenständigen Entscheidungen über Produktionsprozesse oder Qualitätskontrollen treffen, sondern lediglich datenbasierte Analysen und Optimierungsvorschläge liefern. Die Einhaltung gesetzlicher Vorschriften, insbesondere des Lieferkettengesetzes und relevanter Umweltstandards, ist zwingend zu berücksichtigen. (**Warnhinweis**)

Tipp: „Hohe Qualität beginnt mit klaren Prozessen – und endet mit zufriedenen Kunden."

- Fragen Sie die KI: *„Wie können wir unsere Produktionsprozesse automatisieren und gleichzeitig unsere Qualitätsstandards sichern?"* – und erhalten Sie eine **maßgeschneiderte Lösung**.

Trick: „Optimierte Produktionspläne sparen Zeit, Kosten und Nerven."

- Bitten Sie die KI: *„Erstellen Sie einen **Produktionsplan für ein mittelständisches Unternehmen** im Automobilzuliefererbereich – inklusive Engpassanalysen und Automatisierungspotenzial."*

Geheimnis: „KI ist mehr als ein Prozessmonitor – sie ist Ihr Produktionscoach."

- Fragen Sie: *„Entwickeln Sie eine **Qualitätsmanagement-Strategie** für ein Produktionsunternehmen, die regelmäßige Audits, Prozessoptimierungen und Schulungen umfasst."* – und verbessern Sie kontinuierlich.

Probieren Sie es aus:

- Fragen Sie: *„Erstellen Sie ein **Produktions- und Qualitätsmanagementkonzept** für ein mittelständisches Unternehmen – inklusive **Produktionspläne, Qualitätsrichtlinien und Lieferkettenüberwachung.**"*

Nutzen Sie **KIRO** als Ihren **digitalen Produktions- und Qualitätsmanagement-Assistenten** – und sorgen Sie dafür, dass **Ihre Produktion effizient, nachhaltig und qualitativ hochwertig** bleibt.

QR-Code zum Chatbot KIRO

Drücken Sie die **„Magic Buttons"** des Chatbots, um:

- **Fragen beziehungsweise Anwendungsfälle zu lösen,**
- **Webinare zur Vertiefung des Themas zu starten,**
- **spielerisch das Thema des Chatbots zu durchdringen.**

L. IT UND SICHERHEIT

LEON – IT- und SICHERHEITS-Starter

Wie unterstützt KI Unternehmen bei der IT-Sicherheit und Infrastruktur – ohne Systemausfälle, Datenlecks und die gefürchtete Frage: „Sind unsere Systeme wirklich sicher?"

KI kann **IT-Systeme überwachen, Sicherheitslücken identifizieren** und **Datenschutzrichtlinien implementieren**, sodass Ihre IT-Infrastruktur jederzeit geschützt und effizient bleibt. Während Ihr IT-Team noch den letzten Sicherheitsaudit überprüft, hat die KI bereits einen **detaillierten Sicherheitscheck mit Handlungsempfehlungen** erstellt.

„Brauchen wir ein Sicherheitsupdate?" fragt die KI nie – sie sorgt dafür, dass Ihre Systeme geschützt sind, bevor Sie es merken.

Sie unterstützt bei der **Erstellung von Checklisten**, der **Analyse von Datenschutzanforderungen** und der **Implementierung von Monitoring-Tools**.

Aber ein Hinweis: KI kann Ihre IT-Sicherheit überwachen – die strategischen Entscheidungen und Maßnahmen liegen bei Ihnen.

14. Anwendungsfall:

Markus Schmidt von der Hoffmann & Schmidt GmbH möchte die IT-Sicherheitsstruktur verbessern, um Cyberangriffe zu verhindern und die DSGVO-Compliance zu gewährleisten. Er setzt auf LEON, einen KI-gestützten IT- und Sicherheitsassistenten, und fragt: *„Wie können wir unsere IT-Infrastruktur absichern und gleichzeitig Datenschutzvorgaben erfüllen?"*

LEON analysiert die bestehende Infrastruktur und schlägt vor:

- **Erstellung einer IT-Sicherheitscheckliste**, die branchenspezifische Anforderungen erfüllt.
- **Implementierung eines Monitoring-Tools**, das die Systeme in Echtzeit überwacht.
- **Entwicklung einer Datenschutzrichtlinie**, die alle rechtlichen Anforderungen abdeckt.

Nach einem Jahr sagt Markus: *„Unsere **IT-Ausfallzeiten sind um 40 Prozent gesunken**, und wir sind **DSGVO-konform** – **LEON** hat unsere IT sicherer und effizienter gemacht."*

75. IT- und Sicherheits-Prompt

Sie sind LEON – mein KI-IT- und Sicherheitsassistent für mittelständische Unternehmen. (**Rolle**)

Analysieren Sie die IT-Infrastruktur eines Automobilzulieferers, der seine Cybersicherheit und Datenschutzmaßnahmen verbessern möchte. (**Kontext**)

Erstellen Sie eine Strategie zur IT-Sicherheitsoptimierung mithilfe von KI-Tools. (**Thema**)

Das Unternehmen benötigt Unterstützung bei der Systemüberwachung, Risikobewertung und Erstellung von Datenschutzrichtlinien. (**Problem**)

Erarbeiten Sie einen Maßnahmenplan mit Tools, Zeitplänen und Handlungsempfehlungen für das IT-Team. (**Aufgabe**)

Berücksichtigen Sie die laut Anlage bestehende IT-Landschaft und die gesetzlichen Anforderungen an Datenschutz und Sicherheit. (**Spezifische Informationen**)

Formulieren Sie den Plan als strukturierte, leicht verständliche Anleitung im professionellen Stil, geeignet für Geschäftsführer und IT-Manager in KMU. (**Format, Länge und Stil**)

Die Zielgruppe sind Führungskräfte und IT-Teams mittelständischer Unternehmen, die eine praxisnahe und sichere Lösung für ihre IT-Infrastruktur suchen. (**Zielgruppe**)

Die KI darf nur auf bewährte IT-Sicherheitsstandards und DSGVO-konforme Datenschutzmaßnahmen Bezug nehmen. Es dürfen keine unsicheren oder experimentellen Sicherheitstools empfohlen werden. Alle Vorschläge müssen realistisch umsetzbar und mit bestehenden IT-Systemen kompatibel sein. Automatisierte Sicherheitsmaßnahmen müssen überprüfbar sein und dürfen keine eigenständigen Änderungen an der IT-Infrastruktur vornehmen. Die Einhaltung gesetzlicher Vorgaben, insbesondere der Datenschutz-Grundverordnung (DSGVO) und branchenspezifischer Sicherheitsrichtlinien, ist zwingend zu gewährleisten. (**Warnhinweis**)

Tipp: „IT-Sicherheit ist wie ein gutes Back-up – man bemerkt sie erst, wenn sie fehlt."

- Fragen Sie die KI: *„Wie können wir unsere IT-Systeme nach ISO/IEC-27001-Standards absichern?"* – und erhalten Sie eine **detaillierte Checkliste**.

Trick: „Sicher ist sicher – besonders bei IT-Systemen."

- Bitten Sie die KI: *„Erstellen Sie einen **Notfallplan für IT-Sicherheitsvorfälle** in einem mittelständischen Produktionsunternehmen."*

Geheimnis: „KI ist mehr als ein Virenscanner – sie ist Ihr IT-Security-Coach."

- Fragen Sie: *„Entwickeln Sie eine **Cybersicherheitsstrategie** für ein mittelständisches Unternehmen, die regelmäßige Audits, Monitoring und Schulungen umfasst."* – und schützen Sie Ihr Unternehmen proaktiv.

Probieren Sie es aus:

- Fragen Sie: *„Erstellen Sie ein **IT-Sicherheits- und Datenschutzkonzept** für ein mittelständisches Unternehmen – inklusive **Checklisten, Monitoring-Tools und Notfallplänen.“***

Nutzen Sie **LEON** als Ihren **digitalen IT- und Sicherheitsassistenten** – und sorgen Sie dafür, dass **Ihre Systeme sicher, effizient und compliant** sind.

QR-Code zum Chatbot LEON

Drücken Sie die **„Magic Buttons“** des Chatbots, um:

- **Fragen beziehungsweise Anwendungsfälle zu lösen,**
- **Webinare zur Vertiefung des Themas zu starten,**
- **spielerisch das Thema des Chatbots zu durchdringen.**

Über den Autor

Prof. Dr. iur. Thorsten S. Richter ist führender Experte für die Verbindung von **Künstlicher Intelligenz (KI) und Unternehmertum**. Mit seiner langjährigen Erfahrung in **Wirtschaft, Recht und Unternehmensberatung** zeigt er, wie KI nicht nur Prozesse automatisiert, sondern strategische Unternehmensentscheidungen auf ein neues Niveau hebt.

Als Gründer des **Praxisinstituts für Wirtschaft, Recht und KI** und **INMEVIA.AI** vermittelt er praxisnah, wie KI-Tools in Unternehmen integriert werden können – von Start-ups bis zu etablierten Konzernen. Sein Ziel: **Unternehmern, Entscheidern und Beratern das Wissen und die Werkzeuge an die Hand zu geben, um KI effektiv und gewinnbringend einzusetzen.**

Mit seiner umfassenden Erfahrung als Wirtschaftsrechtsprofessor, Unternehmensberater und KI-Stratege bringt Prof. Richter Theorie und Praxis zusammen – stets mit dem Fokus auf **umsetzbare, sofort anwendbare Lösungen** für den modernen Geschäftsalltag.

Treten Sie der KI-Community bei

Werden Sie Teil der Community für zukunftsfähiges Unternehmertum

Dieses Buch ist mehr als ein Leitfaden – es ist der Auftakt zu einer Community von Unternehmer:innen, die **KI mit Haltung, Struktur und Verantwortung** nutzen wollen. Als Leser dieses Buches erhalten Sie **kostenfreien Zugang zu ergänzenden Materialien, Tools & Impulsen** – exklusiv in unserer offenen Community:

Smarte KI-Kurse & KI-Talks – Ihre Free-Community für den Einstieg

Infos & Zugang unter:

https://inmevia.ai/smarte-ki-kurse-und-ki-talks

Dort erwartet Sie:

- Bonusmaterialien zum Buch (Checklisten, Vorlagen, Bot-Übersicht samt Zugang zu ausgewählten INMEVIA Core Bots für den sofortigen Einsatz im Unternehmensalltag)
- Exklusive Impulse & Video-Trainings
- Zugang zur Schwarmintelligenz unserer Unternehmer- und Berater-Community
- Regelmäßige Live-Events & Expertenformate (frei zugänglich)

Sie wollen noch mehr?

Dann entdecken Sie unseren **Smart Business Kompass** – die Premium-Community für Unternehmer:innen, die **KI nicht nur ausprobieren, sondern strategisch in ihr Unternehmen integrieren wollen.**

Dort erhalten Sie zusätzlich:

- Zugang zu weiteren INMEVIA Core Bots für alle Businessbereiche (Marketing, HR, Finanzen...) - direkt in der Praxis anwendbar
- Wöchentliche Livecalls mit Prof. Toschi Richter
- Rechtssicherheit durch Unternehmensrecht-Support unserer Partnerkanzlei Dr. Ostermann und Rüter Rechtsanwaltsgesellschaft mbH
- Umsetzungschallenges, Levelsystem & exklusive Inhalte

Infos & Zugang unter:

https://inmevia.ai/smart-business-kompass

Inmevia AI – KI mit Haltung und Verantwortung

Die Inhalte unserer Communities basieren auf der Philosophie von **Inmevia AI** – einem Beratungs- und Entwicklungsunternehmen für menschenzentrierte KI.

Unser Ansatz: **Technologie soll dem Menschen dienen – nicht umgekehrt.**

Inmevia AI entwickelt Strategien, Assistenten und Schulungsformate für Unternehmen, die KI verantwortungsvoll, rechtssicher und zukunftsorientiert einsetzen möchten.

Mehr zu unserer Arbeit: www.inmevia.ai

Kontakt: kontakt@inmevia.ai

Die Zukunft beginnt jetzt. Seien Sie nicht nur Leser – werden Sie Gestalter.

Kontakt:

Thorsten.Richter@Richterschema.com

www.Richterschema.com

FSC
www.fsc.org
MIX
Papier | Fördert
gute Waldnutzung
FSC® C083411

Kolibri 360 GmbH
Ferdinand-Jühlke-Straße 7
99095 Erfurt, Deutschland
produktsicherheit@kolibri360.de

Druck:
CPI Druckdienstleistungen GmbH
im Auftrag der
Kolibri 360 GmbH
Ferdinand-Jühlke-Str. 7
99095 Erfurt